早稲田社会学ブックレット

［現代社会学のトピックス 2］

人間社会回復のために

―現代市民社会論

佐藤 慶幸

学 文 社

はじめに

　今日、家族や学校や職場などの集団生活において、また不特定多数の人びとが一時的・流動的に集り、行き交う公共空間において、人が人として互い守るべき社会的ルールとしての人倫にもとる非日常的な予期し得ない出来事や事件が繰り返し起こっている。そうした反・非社会的状況がなぜ起こるのか、そうした状況が起こらないで人びとが平和に健やかに暮らせる社会をいかにしてつくることが出来るのか、ということへの強い思いが、本書を執筆した背景動機にあった。人命の殺傷や自殺は日々起こっている。そして人倫にもとる最悪の出来事は戦争であり、無差別テロ事件である。

　国家間の、民族間の、宗教間の抗争は、なおきわめて現代的問題である。歴史的に考察すれば、市民革命によって絶対主義権力国家を否定して成立した近代市民社会を基盤として形成された近代国家は、資本主義経済の発展と連携することで、一九世紀から二〇世紀前半にかけては帝国主義的国家として植民地獲得をめぐっての戦争を繰り広げた。

　こうした戦争による幾千万人にものぼる人命の犠牲をはらって、アメリカ独立革命やフランス革命によって宣言された基本的人権を実現するためのさまざまな社会運動が、人権の普遍主義化をすすめてきた。しかし、人権の普遍主義化に立ちはだかっているのは、国家権力のみではなく、市場原理主義に立脚する資本主義経済のグローバル化でもある。市場資本主義経済のグローバル化は、富を拡大するが、しかしそれは人びとの間に貧富の格差を拡大することによって貧困層の人びとの人権を抑圧しているのである。

現代社会は、格差社会、そしてリスク社会の様相を拡大しつつある。そうした状況のなかで、とりわけ社会的に不利な立場に置かれた人びとは生きづらさを暮らせている。

本書で探し求めたのは、差別されることのない平等、そして自由な状況のなかで他者と連帯・協力しながら、それぞれの家族生活を営み、仕事に励み、そして人生を豊かに生きることのできる〈人間社会〉の可能性である。

二〇〇八年五月

著　者

目次

第一章

共同体から資本主義社会へ、そして協同社会へ

一 テンニエスの再読

(1) 共同体の概念

共同体は多義的概念であるが、歴史学的文脈でいえば、近代市民社会としての資本主義社会が成立する以前の伝統的社会であると規定される。もっといえば、人間の共同生活が相互扶助と相互規制を基本的な生活原理として営まれている社会を共同体と規定しておこう。この原初的な生活共同体を存続させていく過程で、生活に必要な土地の利用や衣食住などの生活物資を入手するための才覚や力量、また共同体をまとめ統治する能力などの点で人びとの間に差異が生まれてくる。相互扶助と相互規制を共同体の基本的な生活規範としながら、人びとの間に生活における差異

が生じ、身分制や支配服従関係が生まれてくる。

(2) ゲマインシャフトとゲゼルシャフト

ドイツの社会学者テンニエスが、中世ドイツの村落共同体をゲマインシャフトのモデルとし、かつ発展しつつあった資本主義社会をゲゼルシャフトのモデルとして『ゲマインシャフトとゲゼルシャフト』という書物を一八八七年に出版した。ゲマインシャフトは共同社会と訳され、ゲゼルシャフトは利益社会と訳されている。

この二つの社会は、相互肯定的な社会関係の類型である。この類型を定立するにあたって、テンニエスは本質意志と選択意志を呈示する。本質意志は、実在的、自然的である。それは人間の生そのものの統一原理であり、それは人間にとって生得的であり、本能的である。それは自生的意志として人びとは慣習や伝統、そして宗教に身をゆだねる。選択意志は、観念的、作為的である。それは思考の産物であり、合理的で計算的であり、機械的である。本質意志にもとづく相互肯定的な関係がゲマインシャフトであり、選択意志にもとづく相互肯定的な関係がゲゼルシャフトである。

ゲマインシャフトは、「本源的・自然的な状態としての人間意志の統一体であり、持続的な真実の共同社会である」。そこに人格的に無限定的な身分制的関係が生ま

シャドウ・ワーク（shadow work）
市場経済や公共経済などにおけるフォーマルな報酬労働を支える主として女性（主婦）の家事労働などの無償労働のこと。

れてくる。テンニエスは、ゲマインシャフトの三類型として、血縁（肉親）の、地縁（近隣）の、そして精神（朋友）の三類型をあげているが、これら三つのゲマインシャフト関係のうちに生じる身分制的関係においても、人びとは内的な親密な無限定的な関係としての「人間意志の完全なる統一体」のうちに存在している。家父長制、地主小作関係、そして神父信徒の関係、さらに親方徒弟関係などは、身分制的ではあるが、それはゲマインシャフト関係として生得的で自然的な意志の表現であり、その関係は共同体的な相互扶助関係によって支えられている。縦の関係としてのゲマインシャフト関係は、同時に横の関係としての同一身分の仲間間のゲマインシャフト関係とともに、共同体における相互扶助関係を重層的な構造にしているのである。いずれにしても、ゲマインシャフト関係は、自己と他者との感情的な融合関係によって特徴づけられている。

(3)　ゲマインシャフトにおける女性からゲゼルシャフトにおける女性へ

血縁ゲマインシャフトとしての家共同体においては、男による女の支配という意味での家父長制は性差別構造として存在していた。そこでは女はシャドウ・ワークの担い手として、男の働きを影で支える存在であった。テンニエスは、女性をゲマインシャフト的存在として考察している。

女性は生来的に内なる世界である家の仕事に献身的に奉仕する特性をもっており、これに対して男性は外の世界の競争的なビジネスのようなゲゼルシャフト的職業に適しているという特徴をもっていると、テンニエスは論じている。女性はビジネスの世界には適さないというわけである。今日のフェミニズムの立場からすれば、当時のテンニエスには、ジェンダーの視点はなかった。テンニエスのみでなく、最近まで多くの研究者にはジェンダーの視点はなかった。

しかし、社会がゲマインシャフトからゲゼルシャフトへと、すなわち共同体社会から資本主義社会へと移行するにしたがって、女性も外の仕事である職業に選択意志にしたがって従事するようになり、女性本来の特性であるゲマインシャフト的生活から脱して、計算的・意識的になって、女性本来の領域の外へと踏み出している、とテンニエスは考察している。そしてこの女性の社会進出は、ゲゼルシャフトの形成過程にとっても、ゲマインシャフト的生活の崩壊過程にとっても、大変に重要な意味をもっているとも、テンニエスは論じている。この女性の社会進出は、社会の一層のゲゼルシャフト化をすすめ、資本主義化をすすめることになる。

このような発展をとおして始めて、ゲゼルシャフトの前提条件である「個人主義」が実現されるのである。しかし、そこには個人主義の超克やゲマインシャフト的生活の新しい再建の可能性もまた存在すると、テンニエスは展望している。それは、本書の重要なキーワードとなるゲノッセンシャフトである。ゲマインシャフトからゲゼルシャフトへの、そしてさらにゲゼルシャフトからゲノッセンシャフトへの移行が、テンニエスの展望であったし、またわれわれの未来社会への展望でもある。

個が集団に埋没していた共同体社会から次第に個人が確立してくる歴史的契機として宗教改革、啓蒙主義、そしてルネサンスなどがあり、それらの思想をとおして人間の自由・平等など基本的人権が主張されて人間革命が起こり、その人間革命をとおして個人が能力を自由に発揮することで産業革命（技術革新）が起こったのである。人間革命と産業革命によって近代市民社会としての近代資本主義社会が発展してきた。次章で詳しく論じるが、ここでいうところの近代市民社会とは、資本家階級を中心とする「ブルジョア的市民社会」であり、それは資本主義社会のことである。この資本主義社会の発展は、基本的人権に付帯する経済的活動の自由によって可能になったが、同時にそのことが労働者を資本蓄積の手段として利用する資本制支配を可能にし、そのためにさまざまな社会問題や環境問題が起こってきた。

(4)　テンニエスのゲゼルシャフトとしての資本主義社会の分析

テンニエスは、ゲゼルシャフトを選択意志にもとづく思考の産物であり、それは相互に独立している諸個人の並存を基礎に、計算合理的に集合した機械的な集合態であり、人工物であると規定した。それは法のゲゼルシャフト（大都市）、交易のゲゼルシャフト（国民）、そして文明のゲゼルシャフト（世界）の順に発展するとした。このゲゼルシャフトの世界は資本主義社会であるとしたのである。

テンニエスは資本主義の発展がどのような状況をもたらすか、またもたらしたかを分析することで、資本主義社会以後の社会について展望をしているのである。彼は資本主義経済の分析において、マルクスの『資本論』の影響を強く受けている。『ゲマインシャフトとゲゼルシャフト』の第一篇第二章「ゲマインシャフトの理論」は、資本主義社会の経済学的分析である。労働価値説を基本的に継承しながら、価値としての商品、貨幣、契約、債務と債権、信用、市民社会、商業における普遍的競争、ゲゼルシャフトの発展過程としての世界市場、商品市場と労働市場などが論じられ、最後に全構造の規定条件としての階級について論じられている。

ここで論じられている「市民社会」は資本主義社会そのものである。世界市場に関しては次のように論じている。ビジネスの領域は最後には一つの世界市場に集中し、個々の市場が世界市場の影響を受けるようになること、そして資本家も経営者も、もっぱら純益や剰余価値だけを得ることを目的として事業にはげむことなどが論じられている。かつては資本主義国家は、植民地支配をめぐって戦争を行ってきたし、今日では資本主義国家における企業は、国家の経済政策としての市場原理主義志向によって、企業の純益や剰余価値を拡大再生産するために世界を市場として駆けめぐっている。そして環境破壊や貧富の格差をグローバルに拡大している。現代は、テンニエスが百年以上前に論じた状況がさらに先鋭なかたちで世界を覆っている。

(5)　ゲノッセンシャフト

テンニエスは、ポスト・ゲゼルシャフトの時代の可能性について『ゲマインシャフトとゲゼルシャフト』の一九一二年版および一九二二年版で論じているのである。まず一九一二年版ではゲノッセンシャフトといわれている協同組合が最近数十年の間に盛んになってきたとして次のように述べている。

「このような結社としての協同組合を無産者が作った目的は、まず第一には商品を共同で購入するためであり、第二には必需品したがって使用価値を『自力生産』するためであった。このような小さな団体が相集まって、大規模な購買組合となり、したがってまた大規模な生産組合ともなるためである。それらの協同組合は法人組織になることによって、ゲマインシャフト的な経済原理が、ゲゼルシャフト的生活条件に適する形態をとって、著しい発展能力を有する新しい生命を獲得することが認められる。

こうした協同組合の発展によって、家族生活やその他のゲマインシャフトの諸形式が、その本質やその生活法則の深い認識と結びついて、とにかくここに復活してその根を拡げることができるだろう」。

このようにテンニエスはゲノッセンシャフトとしての協同組合について考察している。この考察は、第三章で考察するように、今日の日本の協同組合の発展についてもいうことができるのである。

さらに第一次世界大戦を経験したテンニエスは、『ゲマインシャフトとゲゼルシャフト』の一九二二年版の「付言」で次のように論じている。

「資本主義的・ゲゼルシャフト的世界組織は、みずから招いた恐ろしい混乱を経験せる後も、なお傍若無人にその破壊力を行使している。かかる現象に対して、〈ゲマインシャフト〉への声が――しばしば明瞭に、あるいは（イギリスのギルド社会主義におけるように）暗黙のうちにこの書と関連して――次第に高く叫ばれてきている。この叫び声は、単なる〈精神〉に対する救世主的希望を表明するものでなければないほど、ますます信頼を獲得するだろう。特殊な存在としての精神は、ただ幽霊を信じる者にとってのみ実在するものにすぎないから。生命を獲得するためには、精神は生命力、したがって発展能力を有する原理である身体と合体しなければならない。かかる原理こそ、ゲノッセンシャフトの自己保存の理念であって、これによってゲノッセンシャフトは、単なる仕事の経営に陥ることからまぬかれうるのである」。

ゲノッセンシャフトとは、ゲゼルシャフトの構成単位として現れてくる自由で自立した個人、したがってゲマインシャフトの同朋的関係および身分制的関係にみられる人格的な融合関係から自立した対等な個人間の契約的信頼関係にもとづく協同関係である。ゲノッセンシャフトは、ゲマインシャフトの無限定的な人格的身分的な融合関係を止揚し、かつ同時にゲゼルシャフトの自立した個人間の非人格的な功利主義的な競争関係を止揚する合理的な連帯関係である。われわれの言葉でいえば、ゲノッセンシャフトは資本主義社会としてのブルジョア的市民社会を止揚した「市民社会」である。これについては第二章で詳しく論じる。

二　互酬性の倫理

(1)　親密圏における互酬性

ゲマインシャフトとしての共同体においては、相互扶助としての互酬性の慣行は、相互規範に支えられながら、親族関係、近隣関係、そして職人社会や信徒間の関係のような親密圏において行われていた。上下関係のある人びとの間にも、上下関係のない仲間の間にも互酬性は、ゲマインシャフト関係を維持していく「本源的・自然的な状態としての人間意志の統一体」を維持する基本的関係の一つとして存在していた。共同体では互酬性の慣行は世代を越えて継承されてきた。

法や貨幣を媒介にしないで人と人とが直接に助け合うことが、社会関係のもっとも基層的な部分である。人間関係の間に法律や貨幣が介入してきた近代市民社会においては、自然的で自生的な互酬性の慣行は廃れてきたが、今日、また新しい社会の文脈で互酬性が論じられるようになってきた。その新しい文脈とは、ゲノッセンシャフトの文脈であり、資本主義社会を超える新しい市民社会の文脈である。

(2) 互酬性について考える

互酬性一般について考察しておこう。互酬性とは「贈与と返礼」の社会的相互行為を意味している。その行為が社会関係のもっとも基本的な、あるいは基層的な部分をなしていると、人類学者などは原始社会を考察して考えてきた。

要するに、互酬性とは、他人から何かをもらったり、何かをしてもらったりしたら、そのお返しとして何かをあげたり、何かをしてあげるという物や行為のやり取りのことである。こうした互酬性は、比較的に親密圏にあるゲマインシャフト的人間関係にある人びとの間で行われる相互行為である。こうした互酬性は、同じ身分関係にある人びとの間のみならず、身分に違いのある人びと、たとえば本家と分家、地主と小作、親方と徒弟のゲマインシャフト関係においても存在してきた。それは奉仕と援助として行われてきた。そしてゲマインシャフト関係での互酬性は、世代を超えて代々継承されてきた。親の世代の互酬性は子どもの世代へと受け継がれた。しかし、こうした互酬性の慣行の背後には、それを守るための社会規範があった。

(3)　循環的・一般的互酬性――「情けは人のためならず」

「情けは人のためならず」とは、人に親切にしておけば、かならずよい報いがある、という諺である。これは親密圏での互酬性ではなくて、広く社会一般に適用できる互酬性である。つまり情けをかける人は親密圏の知己の人ばかりでなく、見知らぬ他者であっても、その人が困難な状況にあれば手をさしのべて親切にしてあげれば、その情けが廻りまわって、いずれ自分が困った状況に置かれたときに、知己の人からにせよ、見知らぬ人からにせよ、手をさしのべてもらえる、という互酬性である。これを「循環的・一般的互酬性」と名づけておこう。今日、こうした互酬性の倫理が衰退し、困っている人がいても見てみぬ振りをする人びとが増えてきたのみならず、そういう人びとに対して反抗的行動をとる人びとさえいる。

こうした行動は、人倫の衰退の兆候である。格差社会に原因の一つがあると思われる。さらにいえば、その格差社会を生み出す資本主義的経済構造に主要原因があるのではないだろうか。これについては第二章で考察する。

(4) ボランティア活動による互酬性

公的に法制化された介護制度や、市場化された民間の介護システムのほかに今日、人びとのボランティア活動や協同組合運動の一環としての介護や育児の活動が各地でなされている。そのなかには地域通貨を介しての互酬性という制度がある。

たとえばAさんがBさんに二時間のケアをしてあげたときに、AさんはBさんから二時間分のケアをうけたことを証明する地域通貨（時間委託券）をうけとる。そして今度はAさんが何かのケアをCさんから受けたいときにBさんから受け取った地域通貨をCさんに渡す。このようにしてA・B・C・D……Xさんの間に地域通貨が循環して、それぞれのニーズが叶えられるシステムが地域通貨として世界の各地で行われている。もちろん、地域通貨を発行したり、地域通貨が通用する地域や地域通貨に加入する会員を募ったり、人びとのしてもらいたいことやしてあげることのできることに関するニーズの情報を集めて流すなどする組織を立ち上げなければならない。

地域が離れていても、同じ地域通貨を使う会員A、Bさんがいるとしよう。Aさんが農家Bさんのところの田植えを手伝い、AさんはBさんから地域通貨で報酬をもらい、その地域通貨によってBさんからお米を調達できるのである。

また、次のようなことも可能になる。Aさんは、お母さんから離れたところに住んでおり、直接訪ねてお母さんの面倒をみることがあまりできない。そのようなときに、Aさんは、近くのBさんのケアをし、Bさんから地域通貨をいただき、その地域通過をお母さんに送り、お母さんはその地域通貨を使って、近くの人からケアを受けることができるのである。もちろん、同じ地域通貨を使うという協定が、地域間に、また会員間に成立していることが必要である。

また、地域通貨という制度を起こさなくても、自発的に互酬性をつくることができる。いま大学には海外からの多くの留学生がきている。日本人学生と留学生との間にお互いの母国語を教えあうという互酬性がある。留学生との交流クラブのような会をつくれば、多くの留学生と日本の学生が交流する機会が多くなり、いろいろな領域での互酬性関係が生まれることになる。留学生と付き合うことで、さまざまなことについて教え教わるという互酬性がうまれる。互酬性は、公的制度や民間企業から自立した市民のボランタリーな活動である。こうした活動が地域のさまざまなボランタリー・アソシエーション活動に参加している人びとを通して社会に拡がることが、新しい市民社会であり、公的制度や資本主義経済のあり方を補完しながら、それらを改革する原動力になりうるのである。

講
伝統的社会における次のような人びとの集まりをいう。
仏典を講義する法会。神仏を祭り、また参詣する同行者で組織する団体、伊勢講、御岳講、稲荷講など。経済的な相互扶助組織、頼母子講、無尽講など。

(5) 互酬性としての「結い」

日本には結いという慣行があった。結いは共同や結合を意味し、労働の等価交換が原則で、田植えや稲刈りなどでの結いは、季節内や年内など短期間で返せばよい結いであるが、屋根の葺き替えなど数十年という長い期間で返せばよいという結いもあった。親の代に受けた恩義を子どもの代になって返すという世代間の互酬性である。結いを組む相手は、隣近所の家、気心のあった仲間、講仲間、親類などのゲマインシャフト関係にある人びとが一般的であった。これらの人びとには、概して身分的な上下関係はなく、親密圏にある人びとであった。

しかし、こうした互酬性の慣行に理由なく違反した者に対しては、村八分というような私的制裁が加えられ、結い仲間からはずされるという制裁規範があった。村には共同体を維持していくためのさまざまな約束事としての掟があった。その掟を破った家には村八分という制裁が加えられた。しかし二分だけの村民の援助が残されていた。それは葬儀と火事のときであった。共同体の互酬性には相互規範という拘束性があったから、それを「拘束的互酬性」と名づける。

ところで、こうした結いでの女たちの立場はどうであっただろうか。彼女たちは田植えや稲刈りなどの結い労働にも携わるが、同時に各家の結いによる農作業が終わった後の慰労会の準備や男たちの接待は彼女たちの役目であった。テンニエスのゲマインシャフト理論によれば、この饗応労働は女性の本性にそうものであった。しかし、今日のフェミニズムの視点からみれば、それはシャドウ・ワークであった。それは女性に生得的に備わったものではなく、ジェンダーとして女性に学習を通して割りあたえられた性別役割分業であった。それは女性たちにとっては重労働であり、気遣いの多い裏方の労働であり、酬われることの少ない労働であった。それは互酬性の倫理の外にある労働であった。

三　歴史発展のなかの互酬性

(1)　互酬性の再生

互酬性という「贈与と返礼」の相互関係的な行為規範は、人間が人間として共同生活するためには、何時の時代においても相互肯定的な人間関係の基本的な基層に人倫として存在してきた。おそらく人類の歴史と共に互酬性は存在してきた。人は一人では生きられない生物であるから、群れをつくって共同生活を始めたとき、互酬性は自生的に生まれた。身分や権力が生まれ、国家が形成され、民族間や国家間にあるいは宗派間に紛争が起こったとき、民衆の間にはかえって相互扶助の互酬性が強まった。

国家の法や市場が人びとの生活世界やコミュニティに浸透していくにしたがって、人びと相互の助け合いとしての互酬性的人間関係は衰退するが、しかし法や市場だけでは人間社会は成り立たないばかりか、かえって人間関係に亀裂がはいったり、さまざまな社会的・人間関係問題症候群が生じたりして、そのために人びとは新しい人間関係を求めて、社会を再生する運動を展開する。そして新しい互酬性がさまざまなボランタリー・アソシエーションや協同組合、そしてＮＰＯなどを基盤に生まれてくる。

互酬性は、ゲマインシャフト社会の親密圏における人間関係を支えてきたのみならず、ゲゼルシャフト社会における市場での厳しい競争関係や法権力による画一的な国家統治においてこそ、市場や国家からの「自由な互酬性」の倫理にもとづく人間関係が形成される。

歴史的に考察すれば、年貢の取立ての厳しい苛斂誅求状況におかれた農民や、また厳しい労働条件下におかれた労働者たちは、命を守り、生活を維持していくために、相互助け合いの互助連帯組織を立ち上げた。農民運動や労働運動、農民組合や労働組合、そして共済組合の形成は、互酬性の倫理にもとづく組織である。互酬性の倫理は人倫として人類に普遍的な倫理である。

(2)　歴史的考察

歴史的文脈においてみれば、厳しい支配権力による抑圧に抗して、民衆は連帯して相互に助け合いながら闘い、人間として尊厳を維持してきた。アメリカ独立革命、フランス革命、そして日本の自由民権運動、近年の東欧革命などは絶対主義国家に対する市民革命であり、アソシエーション革命であり、その革命の根底には市民の連帯としての互酬性の倫理が働いていた。権力への抵抗運動を支えたのは、基本的人権思想であった。絶対権力との闘いのなかで、共同体の原理であったゲマインシャフトの身分権的制度は解体され、同時に身分的あるいは拘束的互酬性は、自由な人びとの自発的で自由な互酬性へと変容する。

ゲマインシャフトとしての共同体社会、あるいはその共同体を基盤とする封建制は、近代絶対主義国家によって解体されるのであるが、民衆は今度は納税義務によって国家によって直接に捕捉され、絶対主義国家の君主の臣民となり、君主の資産を拡大する道具的存在に貶められたのである。こうした状況において、民衆は自由な互酬性としてのアソシエーションを形成し革命の潜在力を蓄えていった。それが市民革命へと繋がったのである。

(3) 戦後日本の発展と今日の問題状況

日本の徳川幕藩体制は、小農民で構成された村落共同体である村を、最高の領主となった幕府と幕府から領地を与えられて軍役に服する大名とが支配し、小農民から主として米年貢を徴収することで成り立っている封建体制であった。明治維新は古代天皇制を復古し徳川幕藩体制を解体して、近代絶対主義国家を形成した。国民は天皇の臣民となったが、地域にはなお封建的共同体の体質が戦後まで残存し、戦後日本の政治や企業のあり方に大きな影響を与えてきた。

日本では内部から天皇制絶対主義を倒すための市民革命は起こらなかった。その一つの理由は、各地域に封建的体質を残存させながら、かつ天皇への忠誠教育が全国の津々浦々まで浸透していたためである。そうした基盤があったために、権力への抵抗や闘争は個々別々に官憲によって潰され、戦争によって国民は総戦力体制に組み込まれ、多くの臣民である国民は天皇の赤子として戦場に赴き命を失ったのである。そして敗戦後の日本の復興が始まった。敗戦によって、日本はアメリカによって軍事国家から解放されて民主国家への道を歩みはじめる。

戦争の放棄を定めた新憲法の施行によって基本的人権が国家の基本原理として保

障され、差別されない平等権、思想・良心の自由、信教の自由、集会・結社、言論、出版、その他いっさいの表現の自由、そして学問の自由が保障される。ただしこれらの自由は、「公共の福祉」と両立することが明記されている。公共の福祉とは何かが問題になるが、それは他者への自由と理解したい。他者ともども自由に共に生きること、すなわち自由と共生が公共の福祉であると理解したい。そして言論の自由にもとづいてさまざまな社会運動が起こり、議会制民主主義が制度化された。ここでいう共生とは、人びとが共に融合する「共同体」へ回帰することではなくて、対立・差異・多様性を包容することで起こる対立緊張をばねにして、そこから豊かな人間的関係をつくりだす営為である。

さらに重要なことは、経済的活動の自由によって資本主義経済が発達したことである。このことは憲法条文には明示されていないが、それは職業選択の自由、そして勤労の権利と義務、そして勤労者の団結権と団体交渉権、団体行動権が保障されていることから、経済的活動の自由による資本主義経済が成立発展することが想定されているのである。

このように新憲法を読むと、戦後の日本社会発展の軸になったのは、戦争の放棄と民主主義と資本主義経済制度であったということができる。言論の自由と経済的活動の自由、この二つの自由がどのような関係をつくるかということが、日本社会の行く手を決めてきたし、今後も決めるのである。このことの意味することは、選挙で多数を占めた政党が議会で政権を担い国会での論争をへて多数決で政策を決めるが、そのさい資本主義経済のあり方についての政策決定が日本社会のあり方に大きな影響を与えてきたのである。その政策決定に影響を与えるのは、国会での論議ばかりではなく、国会外の社会運動や世論の動向である。

戦後日本の経済は、高度成長によって高度大衆消費社会を作り上げてきたが、その成長の脚本を書き演出してきたのは、官を中心とした政官財の談合的公共政策であった。しかも政権を担ってきたのは自民党であり、政権交代なき議会制民主主義であり、そのためにたえず公共性は汚職にまみれ、国民の税金は政官財の談合的公共政策によって略取されてきた。議会制民主主義の形骸化がすすむなかでの高度経済成長であった。

高度経済成長はその負の遺産として企業公害、環境破壊をもたらし、多くの人びとの命と生活を奪ってきた。政府もこうした問題の発生に対して企業側に加担して、問題の解決を遅らせてきた。言論の自由の府である議会が自民党一党政治によって牛耳られてきた。自民党政治家は官僚および財界と手を結び、国民の命と生活を守る政治ではなく、官僚と政府与党の特権と利権を守るために財界と結託して、日本的資本主義社会を発展させてきたのである。かくして、言論の自由と経済的活動の自由は、負の形で結びついてきたのである。

そういう政治的状況での高度経済成長であった。国民は生活を守るために企業人間として単身赴任にもめげず働き、国民総中産階級社会をつくりあげてきた。そして核家族化、高学歴化、少子高齢化がすすんできた。また高度経済成長によって、都市化がすすみ、過疎化がすすんだ。第一次産業従事者が減り、第二次、第三次産業従事者が増大し、被雇用労働者が増大し、自営業者が減少した。その結果、地方都市の過疎化もすすんでいる。

こうした高度経済成長を実現してきたのは、終身雇用制、学歴・男女別年功序列賃金制、そして企業内労働組合であった。自民党政権は、日本の企業を守るために、市場を開放して国内生産物が自由競争の荒波に曝されるのを防ぐために、関税を高くしたり、輸入制限したりする規制を設けてきた。こうした保護政策によって日本経済は相対的に右肩上がりの成長を維持し、ついに一九八〇年代にバブル経済を迎え、それが一九九一年に破綻することで平成大不況が起こったのである。不良債権を抱えて企業の破綻が続出し、労働者はリストラや失業に追い込まれ、自殺者は一九九八年には前年比の三四・七パーセント増えて、三二、八六二人となり、一挙に三万人を越え、現在もその水準にある。

こうした状況を打破するために、小泉政権は「構造改革なくして経済成長なし」

のスローガンのもとに、規制緩和を行い「官から民へ」の民営化政策を断行し、市場原理主義の立場を明確にした。企業は終身雇用制や年功序列賃金制に代えて、成果主義や能力主義を採り入れ、高品質の製品をできるだけ多くの大衆の手の届く価格で販売するために、規制緩和によって可能になった非正規労働者の雇用を増やし、生産コストを下げる政策をとっているのである。雇用労働者のうち非正規労働者の割合は三割を超えている。

かくして、企業業績は回復してきたが、それは大企業中心であり、その結果、大企業と中小零細企業の間に、また大都市と地方の市町村との間に経済的格差が拡大してきた。総じて国民の間に富の配分格差が広がり、高度経済成長によって実現した国民総中産階級社会は破綻し、下流社会が出現してきた。その及ぼす社会的影響は計り知れないものがある。少子化がすすみ、地方は疲弊し、将来の労働人口が減り、また生活保護世帯が増大し、犯罪が増え、年金保険料や健康保険料の未納者や医療費未納者が増えるなどして、日本社会は不安定なリスク社会の様相を帯びてきた。日本社会は相対的にみれば、豊かな社会であるが、その豊かさのなかの貧しさが拡大してきた。

(4) もうひとつの戦後—新しい社会運動（市民運動）

高度経済成長とともに都市化、核家族化がすすみ、多くの集合住宅が建設され、道路、交通・通信網、電気・ガス、上下水道、廃棄物処理設備などのインフラ（生活の基礎基盤）が整備されていった。かつては、村落におけるインフラである道路、灌漑、治水、生活用水などは住民の共同作業によってつくられ管理されてきたし、またゴミやし尿処理などは自家処理が可能であった。今日では農村においても、都市型生活様式が可能になり、自治体や個別専門機関によって管理運営されるインフラが全国的に敷設されている。

こうした都市型生活においては、人びとはインフラなしには生活できないが、インフラの利用は個別的であって、そこに共同生活が成り立つわけではない。むしろ、隣人と関係なく、個別的に専門機関を利用することで私事化された生活を営むことができるのである。今日では、生活は都市化され、生活は他者と関係なく、もっぱら私的および公的専門機関に依存することで営まれているのである。こうした都市型生活では、生活の共同性や互酬性による相互行為は必要ないようにみえる。

しかし、都市、農村・漁村においても、産業化や都市化はさまざまな社会問題を惹き起こしてきた。企業公害、環境・自然破壊、原発公害、車の廃棄ガス公害、新幹線公害、ゴミ処理などの問題、そしてグローバルには地球温暖化問題などに加えて、日本列島は自然災害問題などにも直面している。そして述べたように、格差が拡大することで、社会的に排除されやすい人びとである、失業者、非正規雇用者、障害者、病人、老人などの生活がますます厳しくなってきた。

そして現代の日本社会を全体的に俯瞰すれば、何よりも資本主義市場システムと国家の法システムが地域の特性や個々の人びとの生活の多様性を無視して、画一的に地域や人びとの生活に侵入することで、それまでの社会の基層をなしてきた地域コミュニティや人びとの生活世界を解体しつつあるのである。

こうした問題に直面して、六〇年代から七〇年代にかけて社会運動は労働組合運動から反核・反原発運動、反公害運動、そして住民運動、さらに反戦運動、人権闘争、反差別闘争、フェミニズム運動、環境保護運動、食の安全を求める生協運動などが、そして八〇年代にはボランティア、市民事業、ワーカーズ・コレクティブなどの活動が、九〇年代になってＮＰＯ、ＮＧＯなどが、国家と市場に対する「第三の社会セクター」として登場し運動をつづけている。

こうした運動が、政府や企業に対して異議申し立てをしたり、また問題解決のための自主的組織を立ち上げたり、裁判に訴えるなどして、政府や企業を動かしてきた。政府は自らすすんで問題解決のために既存の政策を変更したり、法改正をしたりはしない。多くの人命が失われ、抗議運動が起こり、裁判に訴えられて、はじめて法改正や新しい法律をつくって状況に対応する。それには時間がかかるのである。その間に問題は深刻化していく。

いずれにしても、政府や企業は自らすすんで、運動によって提起された問題が生じるまえに、問題解決のための対策を立て、それを実行することはなく、事後的にしか、つまり問題が起き、犠牲者がでてからしか、しかも運動によって責任の所在が追及されてはじめて、問題状況に対応するのである。概して、政府や企業は既存の法システムで秩序を維持しようとする自己保存的システムである。こうしたシステムに対して運動をすすめるためには、多くの支援者、市民のみならず、弁護士、政治家、科学者などの支援者を糾合する必要がある。

国家と市場原理から自立した、問題ごとの、あるいは関心ごとの市民の連帯組織としてのアソシエーションを立ち上げて、必要に応じて、あくまでも主体的に行政や企業のあり方を改革しながら活動する市民的公共空間としての「市民社会」をつくることが、二一世紀社会変革の方向である。

こうした市民の連帯組織としてのアソシエーションが多数立ち上がり、それぞれの使命や目的に応じて活動することでメンバー間に信頼関係が生まれ、自由な循環的互酬性のネットワークが形成されるにしたがって、協同社会としての市民社会への展望が開かれてくる。

第二章

言語社会論

一 存在と意識

(1) 言語と社会関係

人間の生活は音声言語である言葉とともに始まる。言葉の習得には意識がともなう。人間は意識しながら言語である音声や文字を習得することで、他者との関係を分節化しながら、それぞれの他者とのコミュニケーションをはかる。他者関係は多様である。夫婦・親子関係をはじめとする親族関係、近隣関係、友人関係、職場関係、先輩・後輩関係、上下関係、男女関係、労使関係、師弟関係などなどの「間柄」が言語によって分節化されながら、それぞれの関係に適した言語によって言語コミュニケーションが行われる。もちろん、それには感情もともなう。

しかし、言語によってそれぞれ多様な関係が分節化されるに先立って、前言語的事実としてその関係が存在しなければならない。つまり前言語的事実が意識と言語とを規定するのであるが、その意識と言語は他者とのコミュニケーションの必要性から生じるのである。かくして意識と言語は、初めから他者関係としてある人間存在の産物である。人間存在とは、人間はひとりでは生きられない生物であるという意味での他者関係としての人間存在である。

したがって、人間行為は他者関係行為として、つねに直接的にせよ間接的にせよ他者とのコミュニケーション的行為を前提にしている。言語を媒介とする発話行為の背景には、その発話者の人間存在という実体がある。すなわち発話者の生活世界がある。他者とコミュニケーションするとき、人はそれぞれの生活世界を背景として背負っている。生活世界という概念は多義的であるが、ここでは次のように理解したい。

(2)　生活世界

人が人として存在するということは、人は言葉を媒介に、あるいは非言語的な身振りなどをとおして、自分の考えや思い、感情や意志を他者に伝達しうる人間であることを意味している。自分の考えや思い、感情や意志を言葉や身振りを媒介にして他者にコミュニケートするその背後には、それまでの自分を自分として形成してきた背景世界がある。この背景世界が生活世界である。一人ひとりの生活世界は、その人をその人として形成してきたその人に固有な世界である。

同じ家庭環境に育った兄弟姉妹でもみな違う生活世界に生きている。また夫婦関係においても、夫と妻との生活世界は異なる。夫婦のように生まれと育ちが違えば言うまでもなく、兄弟姉妹のように生まれと育ちが同じでも、それぞれに固有な生活世界がある。それぞれの生活世界が違うにもかかわらず、彼らは夫婦愛や親子愛、兄弟姉妹愛によって共同生活を送っているのである。この共同生活には性と食・住・衣や家事労働といった物質的生活領域がある。この物質的生活領域が、それぞれ異なる生活世界の基盤にあることに注視したい。

共通の家庭に育ち、共通のコミュニティで遊び、共通の学校で同じことを学んでも、一卵性の兄弟、姉妹であっても、彼らの築く生活世界は、それぞれに固有な世界である。要するに、生活世界とは、他者と会話を交わしたり、何かを行ったりするときに、つねにその行為者の背景にある彼らそれぞれに固有な世界である。

人はつねに自分に固有な生活世界に生きながら、同じく固有の生活世界に生きる他者とさまざまな世界で、家族、地域、学校、職業、趣味、ボランティア、生協活動や社会運動などの領域で社会的に共に生きている。これらの社会的世界で、互いに違う生活世界に生きながら彼らを互いに結びつけるのが、第一章で論じたゲマインシャフト関係であり、ゲゼルシャフト関係であり、またゲノッセンシャフト関係である。これらの関係は、それぞれの関係にそくした言語および感情によって結ばれる相互肯定的関係である。

それぞれの個人によって異なる生活世界には、遺伝子によって子孫へと、または細胞から細胞へと伝えられる遺伝情報に規定される身体と精神がある。身体には器官・細胞などの機能があり、精神には知・情・意の機能がある。これらは個々人によって異なる。こうした遺伝情報と社会生活の中で伝達される社会情報があいまって、それぞれの個人に固有な生活世界が形成されると考えられる。

こうした個人に固有な生活世界を背景にして、人びとは言語および、また非言語的な伝達手段を媒介にして他者とコミュニケーション的行為（相互了解的行為）を行い、相互肯定的な関係のネットワークとしての「社会関係」をつくる。この世界を「社会的生活世界」といおう。この世界を、狭義の意味での「社会」と定義する。

いずれにしても、社会的生活世界のメディアは、法権力でもないし貨幣でもなく、言語および、また非言語的な伝達手段であるということである。人びとは言語および、また非言語的な伝達手段を媒介にして相互了解的な、相互協力的な関係のネットワークをつくる。これが「社会」である。もちろん、その社会は言語および、また非言語的なコミュニケーションだけで存続するわけではない。物質的基盤が必要である。生活や生命を維持し存続するためには性および食・住・衣を生産する労働が必要になる。この物質生産労働も言語および、また非言語的なコミュニケーション的行為を媒介にしてなされる。こうしたコミュニケーションを媒介して形成される相互肯定的な関係の複合体が社会的生活世界としての「社会」であるが、その社会と国家と市場との関係が、広義の意味での「全体社会」を形成する。この社会と国家と市場の関係については、第二章でハーバーマスのコミュニケーション的行為の理論とともに後述する。

チョムスキー(Chomsky, N., 1928-) アメリカの言語学者。ことばの研究をとおして人間の精神構造を解明。また人間の自由と創造性を抑圧する社会体制に対して激しい批判活動をしている。

(3) 有限の文法による無限の文生成

社会生活において、人は社会的ルールや規範を習得し活用することによって、習得した言語能力や思考能力を、そして遺伝情報によって自己に与えられた身体と精神の特徴を、創造的な仕事のために生かすことができるのである。「有限の文法による無限の文生成」（チョムスキー）が可能になる。有限の文法とは、社会情報としての社会的ルールや規範である。個人はその社会情報を身につけることによって、言語能力、思考能力、コミュニケーション能力、そして遺伝情報を創造性のために活用できるのである。自由な社会では、社会的ルールや規範は創造性のための必要条件である。自由な社会では、ルールや規範は個人の創意工夫を生かすためにある。そうでないルールや規範、そして法律は改正されなければならないのである。自然界にある規則や法則は活用できるが、変えることはできない。

個人は自分に付与された資質、および社会環境のなかで獲得した能力によって自己固有のものとして形成している生活世界を、社会的ルールにもとづいて活用しながら、個性や能力を発揮し、同時に社会性を身につける。個性化と社会化は同時に進行する。こうした過程を背景にして、人びとはさまざまな職業を選択する。その職業選択によって個人間に社会的、経済的な差異が生じ、そして生活においても差異が生じてくる。こうした個人間の差異が社会的地位の差異をもたらす。また経済的格差をもたらす。

そうした差異にもかかわらず、その差異は人びとが了解している共通の明示的あるいは暗黙の社会的ルールにもとづいた差異であれば、それは社会的秩序をもたらすものと理解されるのである。しかし、その社会的差異が社会的に許容されない仕方でもたらされた結果であれば、それは社会的ルールや法律に従って制裁されなければならない。また既存の社会的ルールや法律が、社会的に許容できない不平等や格差をもたらすならば、そのルールや法律は廃止されるか改正されねばならない。ここに政治と経済との関係が、また議会制民主主義と資本主義経済との関係が問われることになる。

(4) 社会に生きるということ

個人の能力は他者との関係において評価される。また人間は一人では生きられない存在であるということは、人間は他者との相互肯定的な関係のなかで生きているということであり、かつそのことは他者とともに社会的ルールにしたがって生きていることである。人びとは互いに了解している社会的ルールや規範にもとづいて、その時々の欲求を満たそうとする。

私たちはそれぞれ日々一定の時間的スケジュールに従って生活しているが、この日常的生活を送るとき、自分ひとりで孤立して生活しているのではない。つねに、直接的にせよ間接的にせよ、また時間的に空間的に隔たるにせよ、他者との関係において生活しているのである。つまり人びとは「社会」において生活しているのである。人はつねに他者との関係のなかで生まれ、生き、そして死ぬのが常態である。老人の孤独死がよくニュースになるが、これは異常な状態での死である。それはその人にとっては「社会」の欠如状態での死である。

「社会」が存在するための必要にして十分な条件とはなにか。まず複数の人びとが存在しなければならない。そして人びとがそれぞれの生存欲求を満たすための共同・協力・互助の関係を一定のルールに従って形成することが、社会が存在するための条件である。こうして形成された社会は、それを形成している個々人には還元できないそれ独自の特徴である創発的特性をもっているのである。こうした社会から排除された人は、社会から疎外された孤独な人である。今日、こうした社会から排除された人びとが多くなってきた。仕事や年金や医療や介護や生活保護、そして家族からも排除される人びとが多くなってきた。それは社会のルールや規則に問題があるのか。社会それ自体に欠陥があるのか。もしそうであれば、なぜそうなのかを問わなければならない。国家と市場と社会の関係を問わなければならない。

(5)　マルクスの唯物史観

マルクスは「人の意識が人の存在を決めるのではなく、反対に人の社会的存在が彼の意識を決めるのだ」と論じている。人が社会的存在であるとは、彼が人間的存在であるということである。この人間的存在とは、マルクスにとって、単に「対象的存在」ではなかった。マルクスにとっては、人間的存在とは、「生活を社会的に生産する存在」であるということであり、そのことが人間生活であった。その人間生活には、性と食・住・衣の生産を基本的とした社会生活があり、それを基盤として社会的生産は拡大し、人間生活も発展していく。そうした社会的存在としての社会的生産が人間の意識を規定するのである。

マルクスには「社会関係の総体」としての人間的存在への視点があり、かつ人間的存在としての人間的生活が「物質」として、原初的には食・住・衣としての物質的生産労働が人間意識の背後にあるのだ。意識は現実存在としての「物質」に対する意識である。現実にある経済的格差や貧困が存在していて、その現実に対する意識が生まれ、その現実を改革するための運動や法改正への動きが現れてくる。現実存在を〈物質〉と呼ぶのが適当かどうかは問題として残るが、マルクスはそれを「マテリー」(Materie)とよんだのである。マルクスにとっては、意識を規定している現実的な存在としての生活関係から出発することが、マテリアリズム(唯物史観)の主眼点であった。論じてきた生活世界は人間存在としての「マテリー」である。

二 言語行為論

(1) 言語と表情

われわれは、他者と会話するときも、討議するときも、また他者を褒めたり、非難したりするときも、言語表現が一定の文法にしたがってなされるのでなければ、その表現の意味が相手に伝わらない。もちろん、喜びや悲しみや怒りを言葉ではなくて、表情で示すこともできるが、それらの表情が喜びであり、悲しみであり、また怒りであると言語で示すことができるのである。

言語表現（発語表現と文字表現）であれ、手話のような非言語的表現であれ、また表情表現であれ、それらが他者に理解される表現でなければ、その表現の意味が他者に伝達できないのである。いずれの方法であれ、表現が他者に理解されるためには、表現をする自己とその表現の意味を受け取る他者とが共通の文法を身につけていることが必要である。異言語間のコミュニケーションの場合は、通訳をとおして相互理解が可能になるが、喜怒哀楽の感情表現の場合には、通文化的に人類に共通の深層構造があるように思われる。

重要なことは、言語表現であれ、映像、音響、絵画などの非言語的な表現であれ、その表現は他者に説明可能な一定の脈絡のなかでの表現でなければならない。

(2) 言語行為論

イギリスの言語学者オースティンの言語行為論『言語と行為』について紹介しよう。彼は人間の発語行為は社会的文脈で理解すべき社会的行為の一種であると考えた。人間の世界は、人びとの会話をとおして相互に影響し合う社会関係の世界であると考え、すべての会話は発語行為、発語内行為、そして発語媒介行為の三つの位相からなるものとした。

発語行為は、話し相手に理解できる言葉を発するという行為である。日常の会話では、相互に相手の発語を理解しながら、相手と自分との発語のやり取りがすすめられる。その場合、相手の発語の内容が理解できないときは、その発語について聞き返しながら、会話はすすんでいく。

その場合、発語行為は、「AはBである」という事実を述べる陳述文であるばかりではなく、多くの場合、「AはBである」ということを主張したり、報告したり、願ったり、約束したり、注意したり、証明したり、尋ねたり、薦めたりする、ということを行っているのである。たとえば、「昨夜、隣の家に泥棒が入って、お金や宝石などが盗まれたのよ」という発語行為は、事実を報告しているばかりか、「お宅も気をつけたほうがいいわよ」という警告を発してもいるのである。

このように、あることを言うという発語行為は、同時にあることを行うということを、たとえば注意や警告をしているという発語行為を「行って」もいるのである。こうした発語行為は、同時に「発語内行為」でもあると、オースティンは定義している。

さらに、発語行為には、話し手があることを言うことによって、聞き手にある行為を促したりする発語行為がある。そういう発語行為を「発語媒介行為」とオースティンは定義している。たとえば、「昨夜、隣の家に泥棒がはいったのよ」という発語行為は、気をつけなさいという注意を述べているばかりか、また同時に実際にそのことを聞いて、戸締りを厳重にするようになったとすれば、その発語行為は発語媒介行為でもある。

要するに、「昨夜、隣の家に泥棒が入ったのよ」という発語行為は、発語内行為でもあり、発語媒介行為でもあるということである。そういう発語行為を、人びとは日常の会話で行っているのである。何気ない言葉が人を元気付けたり、また傷つけたりする。「寸鉄人を刺す」という慣用句もある。

(3)　いっさいの存在は言語化される

人間存在を人間存在ならしめるのは、言語であるといっても過言ではない。人間存在は言語によって意識化されることで存在が明示化される。言語なくして人間の存在はないし、物体の存在もない。森羅万象といっても、存在するのは命名されたもののみである。世の中に存在するものは、命名されたものである。人間の作る一切のものは、言語を媒介にして作られる。さまざまな生産物、工業生産物、農産物、工芸品、芸術作品、音楽、絵画、いっさいの印刷物、衣食住、とにかく人間の作る一切のもの、政治、経済、文化、社会として現れる一切の社会現象、そして自然現象の一切のもの、これらは言語化されることで存在する。存在するものは言語によって対象化されたものである。森羅万象は言語を媒介にしてのみ存在する。言語化されないものは存在しないのである。言い換えれば、人間にとって存在するものは、モノであろうが、観念であろうが、言語化されるのである。

いっさいの人間の作りだすものや発見するものは言語化されてはじめて存在する。また言語による他者とのコミュニケーション的行為がなければ、人間社会の存立はありえず、文明・文化の発展もありえないであろう。また、革命、戦争、暴力、テロ、そして平和、自由、平等、基本的人権なども、言語化されて存在し、かつ言語に媒介された行動によって現実化する。人間のいっさいの思考と行動は言語化されて存在する。

(4) ウェーバーの資本主義の精神

ウェーバーは近代資本主義を説明するのに、目的合理的行為論をもってする。目的合理的行為とは、他者との利害関係状況にある行為者が、伝統や感情に囚われないで、利害関係状況に計画合理的に対応しながら、最適な手段をもって自己の目的の最大限の達成を目指す行為である。このような目的合理的行為においては、自己も他者も目的のための手段として事象化されるのである。また人間関係も没人間関係として事象化される。こうした事象も言語を媒介にして明らかにされる。

対人関係の事象化こそ、近代資本主義経済発展の本質的要件である。その要件からは、他者への自由や友愛、連帯関係は徹底的に排除される。ましてや自己と他者との対話や討議はない。ここでは、言語行為は指令的命令的な行為となる。目的合理的な資本主義の精神とは、富（資本）の蓄積に向かって、ただひたすらに営々として精励するという精神である。こうした精神が、神の栄光を増さんがために、生活を禁欲合理的に営みながら、黙々と只ひたすらに労働に励むプロテスタントの精神と親和関係があったと、ウェーバーは論じた。

主体も客体も、命令するものも、命令されるものも共に物象化（モノ化）されている状況において、関係自体も物象化されて非人間化し、内部においても、外部に対しても人びとは冷酷になって非道な行為にはしるのである。これは、ハーバーマスのいう道具的合理性にもとづく行為である。これは、ナチズム、ファシズム、全体主義の精神であった。また現代の競争の激しい市場資本主義にもみられる精神構造である。道具的合理性においては、リストラも失業も貧富の格差も自殺も冷徹なモノ化された事実であり、不可避的な事象である。

(5) 文明没落史観

ウェーバーは、資本主義の発展に対しては、社会主義の発展と同じように、それは人間性を否定するという点において、悲観主義的であった。この問題をつきつめて考えたのは、ドイツからアメリカに亡命したホルクハイマーとアドルノであった。彼らが一九四七年に出版した『啓蒙の弁証法』はアメリカ文明の物質主義に対する批判の書であった。この本の主旋律は、文明が発達すればするほど、人類は滅亡に向かってすすむしかないという文明没落史観であった。文明の発展は、資本主義経済の発展によってもたらされるものであった。

産業技術の開発によってもたらされたアメリカ資本主義経済の発展は、大量生産を可能にしたフォーディズム的好循環によって、労働者も月賦で車や家が買えるようになった。また日本でも戦後にフォーディズム的大量生産による好循環によって高度大衆消費社会が実現した。しかし、好循環は終局を向かえた。それ以後はポスト・フォーディズムの時代といわれ巨大資本の再編成がすすむなかで、日本でも例外ではなく、大企業の合併がつづき、日本的な経営家族主義の終身雇用制や年功序列賃金制は、成果主義や能力主義に取って代わられた。そして保護主義から市場原理主義に移行することで、大企業は商品の価格競争に勝つために、賃金の安くて済む非正規労働者の雇用を大幅に増大してきた。非正規雇用は企業ばかりでなく、官庁においてもすすんでいる。この結果、格差・貧困問題がおこり、生活困窮者が増大し、社会問題化してきた。

三　コミュニケーション的行為の理論

(1) 行為論の「言語論的転回」

現代ドイツの社会哲学者ハーバーマスは、人類の犯してきた悲劇を引き起こしてきた独我論的行為論である目的合理的行為論の「言語論的回転」をはかって『コミュニケーション的行為論』を出版した。

民主主義国家には、憲法で保障されている基本的人権があり、それによって差別されない平等権、思想・良心の自由、信教の自由、集会・結社・言論・その他いっさいの表現の自由が保障されている。これらの自由は国家権力からの自由である。言論の自由によって、議会制民主主義が制度化され、国会での論争をとおして政策が決定される。この議会制民主主義によって、資本主義経済のあり方の妥当性が論議される。さらに、言論の自由が保障されている民主主義国家においては、その時々の社会問題に対して起こるさまざまな社会運動や世論の動向が政策決定に影響を与えるのである。

ハーバーマスの「コミュニケーション的行為の理論」の背景には、民主主義の理論がある。ハーバーマスは、コミュニケーション的行為論で、自己中心的な意識パラダイム、すなわち単独に認識し指令する行為主体パラダイムから、自由で対等な立場にある人びとの間の対話的コミュニケーション的行為のパラダイムへと、言語論的転回を行ったのである。行為主体パラダイムは、主体と客体、目的と手段の図式からなる目的合理的行為であり、資本主義的経済行為がそのパラダイムに沿うものである。それは成果志向的行為であり、目標達成志向行為である。このパラダイムには、自己と他者との対話・共存の契機は存在しない。あるのは生存競争であり、優勝劣敗の論理である。

目的合理化をすすめるシステムにおいて、人びとはいつ何時も一律に命令指令系統に支配されているわけではない。目的合理化過程を利害関係状況に関係づけてみるならば、その過程を積極的に推進している人びとがいる反面、その過程によって抑圧を受けたり、不公平な取り扱いを受けている人びとがいる。コミュニケーション的行為は、この両者の間でそれぞれの側の主張する妥当性要求をめぐって論議が行われ行為調整がなされる過程で遂行される。

コミュニケーション的行為が成立するに先立ってまず、対話当事者が同じテーブルにつかなければならない。そのための仲介者が必要になることもある。コミュニケーション的行為は、利害関係をめぐる抗争のなかから、当事者同士がまず同じテーブルにつくという状況を、必要ならば仲介者をとおして、当事者を説得して、作らねばならない。このような状況のなかで、コミュニケーション的行為は立ち上がってくるのであって、ハーバーマスのいう「理想的発話状況」において行われるのではない。理想的発話状況とは、相互に行為能力、責任能力、言語能力、交渉能力をもった理性的な人間同士の対話が行われるという理想的な状況のことである。力と力とがぶつかり合う抗争状況においては、殺戮のほかは何も生み出さないという状況を克服するために、コミュニケーション的行為による問題解決が求められるのである。

　現代の民主主義国家においては、たとえば労使関係において、労働側が財や権利の不平等な配分構造に対して異議申し立てをして、この配分構造の改正を求める団体交渉を言語行為によって行うことが制度化されている。紛争や利害関係の調停が民主的に制度化されていない状況において、言語コミュニケーション的行為によって問題を解決することは容易なことではない。しかし、世界の平和は、戦争や暴力によってではなく、言語コミュニケーション的行為によってしか達成できないことは明白である。

(2) 高度資本主義に対する批判理論

高度に発達した資本主義社会では、国家は福祉国家の様相を呈することで、国家が特定の階級の支配装置であるという論点は弱まる。しかし、資本主義社会においては、国家福祉行政が国民すべての福祉のためにあるというのは幻想である。資本主義社会は、なによりも経済優先の社会であり、かつその経済発展が私企業間の競争で支えられている以上は、国家行政システムの政策は経済発展という枠組みのなかでの福祉政策の推進である。「経済成長あっての福祉」というのが資本主義社会での福祉政策である。福祉予算の増大が経済発展を阻害すると判断されれば、福祉予算は削減される。市場原理主義にもとづく企業間競争が強まってきた現代日本の資本主義体制は、こうした様相を呈してきた。

ハーバーマスのコミュニケーション的行為論が目指すことは、資本主義社会の発展を支えてきた規範構造や解釈システムのうちに組み込まれている支配関係や不平等や不公正を、そしてなによりも道具的合理性による人間疎外の傾向を人びとの意識にのぼらせて、資本主義経済の妥当性を言語論的に主題化することで論議の対象にすることにある。

コミュニケーション的行為論は、貧困や格差や差別、そして環境破壊などの問題を孕んでいる現代資本主義社会に対する批判理論であり、それはまた社会の全般的

生活クラブ生協の研究については、佐藤慶幸らの文献（一九八八、一九九六年）を参考のこと

システム化によって失われたコミュニケーション的行為の次元を再生し、討議をとおして現代社会の危機的位相を人びとに共同主観化させ、問題の解決を図る実践的理論である。

(3)　討議としてのコミュニケーション的行為

コミュニケーション的行為は、成果志向的行為である前に、まず利害関係者（あるいは関係当事者）が同じテーブルにつき、それぞれの行為プランについて論議を交わし、それぞれの行為プランを実施に移すさいに相互に受容しうる条件を討議し決定する。その決定にもとづいて、それぞれの行為者はそれぞれの行為プランを検討修正して実施に移すのである。そのそれぞれの行為プランの実施結果が、相互の利害（あるいは行為目的）と矛盾しないことを利害関係当事者（あるいは関係当事者）は相互に確認することが必要である。これが了解達成志向的行為である。

要するに、利害関係当事者がそれぞれの目標を達成する前に、その目標とそのための手段とが他の当事者の目標や手段と両立するように協議し、その協議をとおしてそれぞれの目標と手段が相互に了解しうるものに変更されるというプロセスを経るのが、コミュニケーション的行為である。

たとえば、生活クラブ生協では、生活クラブ生協の組合員と生産者との協議に

よって、生産物の原料や生産方法が決定され、また生産物の価格も生産から配達までの経費を公開し、生産原価に従って決定するという生産者原価保証方式によって決められている。これは生産者と消費者（生活者）との討議としてのコミュニケーション的行為による決定である。この事例は、合意達成のための討議としてのコミュニケーション的行為である。

(4) 討議としてのコミュニケーション的行為が成り立つための三要件

言語をとおして他者とのコミュニケーション的行為が成り立つためには、次の要件が満たされなければならないのである。その前に、発話者の発言が相互に理解可能であるという条件が満たされなくてはならない。

① 発話内容が妥当性をもっているかどうかを討議すること。
② 事実がどのようになっているかを確認すること
③ 発話者の表現が論理的であるかどうかを討議すること

たとえば、男女雇用機会均等法に関連して考えてみよう。まず、この法律がどのような価値観にもとづくものであるかについての理解がなされているかどうかを、法の適用者に討議をとおして説明すること。つまり、その法律の妥当性とは、それが憲法に保障されている基本的人権にもとらないということである。ついで現実の男女の雇用に差別があるか、ないかの事実の確認、差別があればそれがいかなる実態をなしているかを確認すること。そしてこの実態は法によって改善されなければならないことを論理的に説明し、論議する。このような一連の対話・討議の過程を経て改善の実行について合意するというプロセスを経るのが、対話的コミュニケーション的行為である。

討議としての対話的コミュニケーション的行為は、民主主義を維持していくための基本的な原理である。それは、議会制民主主義はもちろんのこと、それぞれ個別の問題に向き合って運動や活動をしているアソシエーションの基本的原理であり、「現代市民社会」の基本的構成原理である。民主主義は、すべての人に開かれていなければならない。いまおかれているところから声を出すことのできない人びとを支援する運動は、民主主義のもっとも根底にある運動であり、行為論の言語論的転回によって可能になるのである。社会的に不利な立場に置かれている人びとの支援は、かれらを法の世界に包摂することではないだろう。

最近、排除と包摂ということが論じられているが、社会から排除されていると包摂する側が考えて実行する包摂の論理は、包摂する側の論理であって、包摂する側が排除されていると考える側の人びとは、包摂する側の制度によって排除されて、それぞれの生活世界に生きているのである。必要なことは、包摂する側の制度を改革しなければならないということである。そのためには、包摂する側と排除されている側とが対話的コミュニケーション的行為を通して制度を改革しながら、排除されている人びとの生活世界をかれらの側に立って考え、支援していくことが必要である。討議としてのコミュニケーション的行為は、個人間の、組織間の、そして国家間の利害関係や見解の相違について討議し、調整し、そして妥協し合って、相互肯定的な関係を維持していくことに合意する行為として機能しうるのである。それは、また同一組織内の民主主義的な意思決定のプロセスでもありうる。

ハーバーマスのコミュニケーション的行為論は、先に述べたオースティンの言語行為論の影響を受けているのである。コミュニケーション的行為そのものが、発語行為であり、同時に発語内行為であり、かつまた発語媒介行為なのである。

(5) 生活世界の「植民地化」とその復権としての「市民社会」

近代資本主義経済の高度の発展は、国家官僚制の法システムと貨幣経済とが国民生活へ浸透するという結果をもたらしてきた。そしてまた、資本主義的経済成長がもたらしてきた富の不平等な配分から生じた貧困・格差問題に対応して、政府は福祉国家政策を推進してきた。しかしその政策が財政的にゆきづまり、そのために再び市場競争を推進して景気を浮上させる政策へと舵を切ってきたが、それがまた貧困・格差問題を拡大するという悪循環に自由主義国家は直面してきた。そういう状況に対応して、ヨーロッパ諸国やアメリカでは、自由か連帯か、自立か福祉かをめぐって政権交代が行われてきた。そして自由と連帯の調和を求める第三の道が模索されてきた。それが「新しい市民社会」の形成である。

いずれにしても、物質的生活基盤を築きながら言語行為を媒介にして形成されてきた自発的な生活世界のなかに、国家の法システムが福祉行政をとおして浸透し、かつ市場経済をとおして貨幣が浸透してきたのである。ハーバーマスは、この状況を「国家と市場の複合システムによる生活世界の植民地化」として命題化した。しかし、こうした植民地化に対抗して、「システムと生活世界の間の縫い目」にそって、新しい社会的な潜在力が蓄積され、かつ顕在化してきたのである。それが労働運動に続いて起こってきた政治的、経済的、文化的、そして社会的領域での「新しい社会運動」である。

この新しい社会運動は、一九六〇年代以降、制度化された財の配分をめぐる労使間の抗争からは離脱した抗争として現れてきた。人種差別や性差別への反対運動や自然環境保護、反原発運動、人権闘争などである。これらの運動は、物質的再生産の領域ではなく、非物質的再生産の領域で燃え上がってきた。これらの運動は、政党や労働組合を通しては燃え上がらないし、また国家と市場のシステムに同調する補償によっては緩和されないのである。

これらの社会運動は、制度外的な、あるいは議会外的な抗議運動をとって表出される。そして貨幣や権力のシステムからは自律した言語・表象メディアによって行われる。こうした社会運動で目指すことは、国家行政システムが制度として保障するものではなくて、危機に曝された生活世界を守り、かつ回復することであり、またこうした運動をとおして改革された生活様式を確立することである。要するに、新しい社会運動は、財の配分の問題をめぐってではなくて、生活の文法としての生き方の問題をめぐって燃え上がってきたのである。しかし、今日、再び労働や財の不平等な配分をめぐって新たな労働運動が燃え上がってきた。

(6) マルクスの『資本論』―「欲望の体系」としての市民社会=資本主義社会の経済学的分析

日本では従来、政治学や経済学の領域では、市民社会という用語は、ドイツ語の die bürgerliche Gesellschaft (bourgeois society) の訳語として用いられてきた。これは資本家階級を中心としたブルジョア的市民社会、すなわち資本主義社会を意味してきた。これはヘーゲル=マルクス系譜の「市民社会」=「欲望の体系」としての「資本主義社会」を意味していた。

マルクスは『資本論』で、ブルジョワ的市民社会＝資本主義社会の経済の解剖学としての経済学を構築したのである。マルクスは、欲望の体系としての物質的生活関係の総体を「社会」としてとらえた。その社会には、その上部構造である法や道徳を成立せしめる前に、すでにそれ自身のうちに他者関係を可能にするような一定の行為様式が含まれている。それは、われわれの文脈ではコミュニケーション的行為がそこで行われる生活世界である。マルクスの用語では、人間共同態である。生活世界にせよ、人間共同態にせよ、それらが背景にあって、その他の社会的構築物がそこから立ち上がるのである。

マルクスは、そうした生活世界あるいは人間共同態における人間存在を論じながら、それらを排除して、純粋に経済的なものとしての「資本主義社会」の経済学を『資本論』で論じたのである。つまり、経済的なものとしての「社会」は、それ以外の社会的なものとしての道徳とか文化などからは独立し、それ自身の歴史的必然性をもって進展するものとして主張したのである。したがって、マルクスは、純粋に経済的なものとして形成される社会は、人間の欲望充足とそれに役立つ労働過程の全体、およびその過程で生じる経済的相互作用によって規定されるとしたのである（和辻　一七七参照）。

したがって、資本主義社会の純粋経済学的分析である『資本論』においては、それぞれの生活世界を背景にしてコミュニケーション的行為を媒介にして成り立つ人間同士の相互関係の分析はない。そこでなされているのは、労働・資本・商品・貨幣・利子・利潤・剰余価値・市場などによって方向付けられている経済学的分析である。しかし、『資本論』の最後の章で「諸階級」について考察されている。「賃金労働者、資本家、土地所有者は、資本主義的生産様式を基礎とする近代社会の三大階級である。……労働を賃労働に転化させ、生産手段を資本に転化させるということは、資本主義的生産様式の不断の傾向であり、発展法則である」。ここに人間が登場するが、それはごく短い文章で終わっている。いうまでもなく、マルクスは『資本論』を書く前に、社会・人間問題について膨大な文章を書いている。たとえば、彼は「ジェームス・ミル著『政治経済学要綱』からの抜粋」で次のように述べている。少し長いが引用しておこう。

(7) 自己と他者との相互主観的世界

「われわれが人間として生産したと仮定しよう。そのときには、われわれはいずれも、自分の生産において自分自身と相手とを、二重に肯定したことであろう。私は、一、私の生産において私の個性を、その独自性を、対象化したことだろう。したがって私は、活動の最中には個人的な生命発現を楽しみ、そしてまた、対象物を

『経済学・哲学草稿』でマルクスは人間疎外論を展開した。マルクスは人間疎外の源泉を資本主義生産手段の私的所有制のもとでの労働にあると論じた。そして4つの段階での労働者の人間疎外について論及した。「生産手段からの疎外」「生産物からの疎外」「生産活動からの疎外」そして「類的存在からの疎外」

ながめては、私の人格性を対象的な、感性的に直感できる、それゆえまったく明々白々な力として知るという、個人的な喜びを味わうことであろう。二、私の生産物を君が享受したり使ったりするとき、私は直接に、つぎのような喜びを味わうことであろう。すなわち、私は労働することによって人間的な欲望を充足し、したがって人格的な本質を対象化し、それゆえに、他の人間的な本質の欲望にそれに適合した対象物を供給した、と意識する喜びを、三、君にとって私は、君と類をとりもつ仲介者の役割を果たしており、したがって、君自身が私を、君自身の本質の補完物、君自身の不可欠の一部分として知り感じてくれており、したがって、君の思考のなかでも愛のなかでも私を確証していることを知るという喜びを、四、私は私の個人的な生命発現のなかで直接に君の生命発現をつくりだし、したがって、私の個人的な活動のなかで直接に私の真の本質を、私の人間的な本質を、私の共同的本質を、確証し実現したという喜びを、こうした喜びを私は直接に味わうことであろう」。

これは、自己と他者との相互主観的世界である。それはいかなる労働の世界であろうか。

これは労働者が同じ部品を組み立てている労働の世界でも、ベルトコンベアの流れ作業で製品の組み立てをしている労働の世界でもない。これらの労働はマルクスが『経済学・哲学草稿』で記述している疎外された労働である。そうではなくて、それは資本制支配から自由なアソシエーションにおける協同労働の世界である。それはまた、工芸品や芸術作品を創作することに生きがいをもって取り組んでいる職人や芸術家と、その作品を鑑賞したり、手に取ったりして感激している人との間に生まれる心の交流としての相互主観的世界である。それは資本制支配の世界ではない。

(8) 分節化される欲望

マルクスもヘーゲルも資本主義社会としての市民社会においては、人間は欲望の全体であると規定した。動物とは異なるのは、人間の欲望は多くの欲望に分節化されている。そして人によって欲望の種類が異なり、欲望の充足が異なる。そういう欲望の差異や欲望充足の能力の差異によって労働の仕方に、つまり職業に差異が生じてくる。

しかしいずれにせよ、人びとは己の欲望を満たすために職業につき労働するのである。職業そのものが、その人の欲望をみたすこともあれば、同時にそれは他の人の欲望を満たすための手段である場合もある。利潤獲得を自己目的とする資本主義的生産様式では、自己の生存欲望を満たすためには、賃金労働者を雇わなければならない。賃金労働者は、自己の欲望を満たそうとしている資本家の利潤追求のための手段とならなければならない。労働者は資本家の利潤追求のための手段となることで賃金を得て生存欲求を満たすことができるのである。しかし、資本家は利潤をできるだけ多く獲得するために、労働者に支払う賃金を出来る限り値切ろうとする。そのために、安い賃金で雇用のできる非正規労働者の採用を多くする。

自己の生存欲求をみたすためには、他者と関係をもたねばならないのである。会社を運営し会社を発展させるためには、さまざまな物資やサービスを他者から調達しなければならない。つまり、自分の欲望の充足は、自分の労働によってのみならず、他の人の労働や資源やサービスによって支えられているのである。

欲望の体系としての資本主義社会において、欲望を充足する稀少手段の獲得をめぐって人びとの間に激しい優勝劣敗の生存競争が起これば、勝者も敗者もなく互いに生存できなくなるから、欲望充足の手段を獲得するための社会的ルールを設定して、そのルールにもとづいて競争すれば、社会的秩序は維持できる。しかし、当然に各人の能力や財力によって欲望充足の程度に格差が生じることになる。したがって、能力格差によって生活水準に格差が生じたとしても、その格差によって生存が不可能になるような人びとがでないようにする社会の仕組みをつくっていくことが、政治の基本課題になる。それは予算配分の問題になる。優れた人材を育成するための制度をつくり、また少子高齢社会では、出産・育児、そして医療・介護、年金などの社会保障制度を充実することがますます必要になる。

資本主義社会では、経済的活動の自由な競争によって、人びとの生活欲求充足の手段としての財の獲得状況に不平等な状況が生まれ、人びとの生活に差異が生じても、人びとの生活が維持存続できる許容状態にあれば社会秩序は維持できる。しかし一部の人びとの生活が存続できない非許容不均衡状態になれば、さまざまな社会問題が生じ、社会が不安定状態に曝されることになる。そのような非許容不均衡な社会状況になれば、そうした状況の改善を求めてさまざまな社会運動が起こるし、国会においても改善のための論議が起こり、そのための法制化が必要になる。しかし、法制化されれば、問題が解決するわけではない。新しい市民社会をいかに形成し拡大していくかということが課題になる。

(9) 新しい市民社会に向かって

第一章の最後のところで述べたように、第二次世界大戦後、先進工業国では、一九六〇年代後半になって、物質的生産労働領域での労働運動ではない、非物質的な社会的、文化的、政治的、経済的領域で、いわゆる「新しい社会運動」が起こってきた。人種差別・性差別反対運動、フェミニズム運動、反公害・反原発運動、自然環境保護運動、生活環境保全の住民運動、大学紛争、そしてボランティア活動やＮＰＯ、ＮＧＯの活動、市民事業としての生協やワーカーズ・コレクティブの運動などが展開されてきた。

これらの運動の担い手は、憲法で保障されている平等と自由――差別されない平等権、思想・良心の自由、信教の自由、集会・結社・言論、出版の自由、その他いっさいの表現の自由――を信念としながら生活している「市民」である。生活者・市民といってよい。

自由で平等な生活者・市民がつくる社会が「市民社会」である。それは、ヘーゲル＝マルクス系譜の「欲望の体系」および「労働の体系」としての資本制支配の資本主義社会ではない。それは、労働・資本・商品・貨幣、利潤・競争などの市場によって方向づけられる経済を含まず、また国家の法権力による統治を含まない、自由で平等な人びとが言語コミュニケーション的行為を媒介にして取り結ぶ自発的な協同・協力・互助のネットワークからなる社会である。

資本主義経済の最終メディアは貨幣であり、国家の最終メディアは法権力である。社会のメディアは貨幣や権力から自由な言語メディアである。貨幣と権力に汚染されない言語をメディアとして形成される相互肯定的・相互了解的・相互連帯的な関係のネットワークが「市民社会」である。もちろん、市民社会の物質的・法制的な基盤は必要であるが、しかしその基盤によって市民社会が支配されるのではなくて、市民社会がその基盤を市民社会の発展のためにつくり、活用するのである。

かくして、新しい市民社会の制度的中軸は、市民それぞれの生活世界が言語行為―広くいえば意味伝達行為―をとおして相互に結び合う社会的生活世界を共通の公共的基盤にして、さまざまな市民の生活欲求や社会問題に対応して形成される、多様な非政府で非営利のアソシエーションやボランティア団体によって構成されるのである。アソシエーションは、自由で対等の市民が、生活問題や社会問題に対応するために、対話的コミュニケーション的行為によって民主的に運営される連帯の組織である。市民社会は、アソシエーション個体群によって形成される。そうしたアソシエーション個体群が、いまや「国家と市場の複合的システムと生活世界との間の縫い目」に沿って運動体として立ち上がってきた。

しかし、今日の市場原理主義の傾向を強めている資本主義経済のグローバル化にともなって起こる社会・環境問題、とりわけ地球温暖化問題や、また世界の各地で起こっている民族間の、宗教間の対立紛争やテロ事件なども、国際的問題となってきた。こうした問題に対して市民社会もグローバルに連携して、国連やNGOをとおしての対応を強めなければならない。

そして何よりも市場資本主義経済のグローバル化に伴って生じる国内的かつ国際的問題としての貧富の格差の拡大という貧困問題がある。とりわけ、非正規労働者の増大やそれに伴う貧困層や生活保護人口の増大に対しても市民社会は対応していかねばならない。わが国においても、敗戦直後は「貧困のための連帯」として労働組合運動は燃え上がったが、次第に経済も回復し高度経済成長を成し遂げ、国民総中産階級化の時代になるにしたがって、労働運動も下火になり、労働組合組織率も低下し、今日では組織率は二〇パーセントを割っている状態である。

しかし、一九九一年にバブル経済が崩壊し、平成大不況に見舞われて、大企業の破綻や大企業間の合併がつづき、リストラが行われ失業者が増え、中でも若年労働者の失業率が高くなり、彼らの多くは就業しても、低賃金の非正規雇用に甘んじなければならない状況にある。それゆえに、彼らは結婚して家族をもつことさえできないのである。こうした状況で、非正規労働者が団結して労働組合をつくり、企業に対して、政府に対して賃上げを要求する運動に立ち上がることを、市民社会は支援する運動を立ち上げなければならないのである。

かくして、今日、資本主義経済のグローバル化に伴って、物質的再生産労働領域に再び労働運動の火を燃やし、同時に自由と平等を実現するための基本的人権の普遍主義化の運動に集約できる「新しい社会運動」を持続的に遂行していくことで「市民社会」を確かなものとし、国家と市場のシステムを権力と貨幣のシステムから、人間のためのシステムに変更していかねばならない。

「万国の労働者よ、市民よ、連帯しよう」

喫茶室

ニューエコノミー現象とロスジェネ宣言

ニューエコノミー現象とは、パソコン、携帯電話、カメラ、電子辞書、テレビゲーム、テレビをはじめとする家電製品、そして自動車など、情報技術（IT）によって制御される商品の開発・販売を目指して各企業が激しい価格競争でしのぎを削っている現象のことである。価格競争に勝ち、利潤を最大化するためには、労働力コストを下げることが至上命令とされる。ここに労働力の二極化が進行する背景がある。つまり、一方の極には、創造的な能力、専門的知識をもつ労働者を必要とし、他方の極にはマニュアルどおりに働く単純労働者を必要とする。この単純労働者の多くが不安定な雇用・労働条件のもとで働く非正規雇用労働者として採用されているのである。この非正規雇用労働者は、二〇〇八年現在、就業人口の三分の一、二千万人に達している。今や高度経済成長期に現れてきた日本の中産階級は階層分化し、下流階層に属する人びとが増大してきた。とりわけバブル経済崩壊後の就職氷河期の「失われた世代」に属する二〇代後半から三〇代半ばまでの人々が非正規雇用労働者として下流階層の主流をなしている。これらの人々が一方的に企業の経営論理によって追い込まれてきた弱者の立場から立ち上がり、団結連帯し労働組合を結成し、不条理な経営者側と生存権を求めて交渉しはじめたのである。「共産党宣言」を換骨奪胎して「ロスジェネ宣言」を発表した（浅尾大輔）。「ロストジェネレーションという名の妖怪が日本中を歩き回っている。……私たちは、いまだ名づけられ得ぬ存在として日々働き暮らし死んでいきつつある。その数二〇〇〇〇〇〇〇人」

「全国のロスジェネ諸君！今こそ団結せよ」

第三章

協同社会としての市民社会へ

一 協同と競争

(1) 戦争と平和

マルクスは「人類の歴史は階級闘争の歴史である」と論及したが、「人類の歴史は戦争の歴史である」と普遍化していうことができる。部族間の、民族間の、国家間の、宗教間の争い、そしてテロリズムとの戦いは、なお現代的な問題である。アメリカ独立革命、フランス革命、ソビエト革命、そして日本の明治維新のように、新しい近代国家の形成にさいして、国内においても武力抗争を伴った。独裁国家は言うに及ばず、民主主義国家においても戦力を保持しない国はない。大国であればあるほど、ますます大きな軍事力を増強し続けている。戦力を持たない国はない。

そういう緊張状態において世界はある。イスラエルとパレスチナとの紛争状態や、アフガニスタンやイラクにおけるアメリカを中心とする国々のテロとの闘いが続いている。

自由と民主主義の国であることを標榜するアメリカ合衆国は、テロとの戦いを遂行することで、国内的には人権侵害や軍事費に圧迫された格差社会となっている。貧困層の若者がテロとの戦いのために、海外に派兵されているのである。アメリカの市場原理主義と軍事的覇権主義と格差社会は密接に結びついている。同時に、アメリカには民主主義がある。平和を願い良心を貫いて反戦運動を行っている市民がいる。彼らは武器に訴えない。彼らは言論によって平和を訴える。平和のために武力に訴えはしない。彼らは対話的コミュニケーション的行為によって平和を築こうとしている。

一七九一年に成立したアメリカ合衆国憲法、修正第一条「政教分離、信教及び表現の自由、請願の権利」には、次のように記されている。

「合衆国議会は、国教を樹立する法律もしくは自由な宗教活動を禁止する法律、または言論もしくは出版の自由または人民が平穏に集会し、不平の解消を求めて政府に請願する権利を奪う法律を制定してはならない」。

(2) 協同と共同

われわれが日常的に使う相対立する用語として、一方に協同、協力、協働、協議、協調、協約などがあり、他方に競争、紛争、闘争、戦争、そしてテロリズムなどがある。この相対立する言葉で表される現実の位相が、社会の基層的な構成要素になっているとみることもできる。

協同の「協」の語源は、力を合わせることを意味する「劦」と、多いことを意味する「十」から成る。協同とは多くの人が共に心と力を合わせて、ある目的のために助け合って仕事あるいは労働をすることである。協同組合、協同戦線、協同連帯、協同体などの使い方がある。協同組合については後述する。協同戦線は、二つ以上の団体が当面、共通の目的のためにつくる協力態勢のことであり、歴史的にはファシスト独裁および戦争に反対する諸政党や諸団体の広範な統一戦線、これに対抗して組織されたファシストの国民戦線などがあった。

協同についての社会学的説明は、次のようになっている。「協同は、相手と協同し合うこと自体が目的として重視されるか、それとも自己の目的や利益のために他者を手段的に利用して協同することに主眼がおかれるかの度合の相違により、ゲマインシャフト的・内的・親和的協同の性格を強めたり、ゲゼルシャフト的・外的・利視的協同を強めたりし、協同の過程や様態にさまざまな差異や変化を生じさせる」（『新社会学辞典』）。

協同と共同はしばしば互換的に用いられる。しかし、社会学的にはゲマインシャフト関係における協同は、第一章で述べたように共同体における自他融合感情における協同であって、自立した個人間の目的意識的な協同ではない。あえていえば、協同とは、それぞれが違う個性や能力をもった人びとが力を合わせて協力するという意味である。ゲマインシャフトとしての「共同体」における協同の仕方は、伝統的に決められている相互扶助と共同体的規制にもとづく協同（共同）であって、ゲゼルシャフトにおける利害関係にもとづく協同ではないし、また自立した諸個人がある使命や目的の達成に向かって連帯して行動するゲノッセンシャフトとしての協同でもない。

利害関係が対立するゲゼルシャフト的資本主義社会における労使関係は、団体交渉をとおして決められた協定にもとづいて、労使間の協同が成り立つ。しかし、企業組織全体の経営は官僚制的規律にもとづいて行われる。それは利潤の最大化をもとめて、目的合理的な没人格的な指令系統によって従業員の労働が管理される組織である。官僚制的な指令組織においては、経営者も労働者もただひたすらに利潤のための手段として、さまざまな欲望を抑えて、機械のように働かされるのである。そうした官僚制組織は、対話的コミュニケーション的行為によって労働のあり方を決める協同組織ではない。

(3)　協同としてのアソシエーションの内包と外延

マルクスは、アソシエーションという外来語（フランス語アソシアシオン）をしばしば用いているが、このアソシエーションの日本語訳が文脈において実に多様である。大月版の『マルクス・エンゲルス全集』において、アソシエーションの日本語訳は、協同すること、協同組合、協同生活、協同団体、協同関係、協同社会、協同組織、共同組合、共同的結合、結合、結合社会、結合体、集団結合、連合、連合社会、連合体、結社、協会、組合、連帯、団体、などなどとなっている（田畑 一九九四、一二三〜五参照）。

ちなみに、『共産党宣言』（一八四八年）には次のような有名な文言がある。「階級と階級対立のうえに立つ旧ブルジョア社会に代わって、各人の自由な発展が万人の自由な発展の条件であるような一つの結合社会が現れる」。ここでの結合社会は、アソシエーションの訳語である。大月版に収録されている「共産党宣言」では、アソシエーションは、結合社会と訳されている。ここでマルクスが未来のコミュニズムと考えていた社会は、集権的な国家社会主義ではなく、それぞれのアソシエーションを作った諸個人のアソシエーションのネットワークとしての社会であった。

マルクスは、一八六〇年代には労働者アソシエーションとしての労働者生産協同組合を積極的に評価し、労働大衆を救うために国民の資金を募り、それによって協同組合運動を国民的規模で発展させることを主張している。

アソシエーションの基本的原理は、共同資本と民主主義である。アソシエーションが日本語で、協同、共同と訳されている前提として、アソシエートする、すなわち結び合い、連合し合い、連帯し合い、そして関係し合って、非営利団体としての組合、結社体、協同体、集団、組織をつくることがアソシエーションである。アソシエーションは動詞形で考える概念である。その前提に、アソシエートする人びと（同志として仲間として結合する人びと）は、自由で平等な仲間（アソシエート）であり、かつその仲間が互いに資本を出し合って、その共同資本にもとづいて、民主的に、つまり対話的コミュニケーション的行為によって組織を運営する、これがアソシエーションである。アソシエーションの内包は、共同資本と民主主義である。これを基本として、その外延として、さまざまな目的をもった、政治的、経済的、文化的、社会的などの各種アソシエーションが形成される。

アソシエーションに対応する本来のドイツ語はゲノッセンシャフトである。アソシエート（associate）すなわち仲間に対応するドイツ語はゲノッセン（Genossen）である。第一章で述べたように、テンニエスは、ゲマインシャフトでも、ゲゼルシャフトでもない社会関係をゲノッセンシャフトであるとした。それは協同組合であり、アソシエーションであった。このアソシエーションあるいはゲノッセンシャフトが、共同体社会でも、利益社会としての資本主義社会でもない、「市民社会」のアソシエートな人間関係を意味する。このアソシエートな人間関係は、国家の法システムや市場の貨幣によってではなく、第二章で述べた対話的コミュニケーション的行為によって維持されるのである。

(4)　協同的競争

協同（あるいは共同）と対比される「競争」について、岩波書店の『哲学・思想辞典』では次のように説明されている。

「競争は闘争と協調の中間に位置づけられ、元来複数の当事者が一定の明示的・非明示的ルールの下で何らかのマナーを守りながら、勝利を求めて競い合うことを意味する。事実として競争のない社会はないが、人びとが何について競争するか、また倫理的・法的にこれを奨励すべきものとするか、避けるべきこととして扱うかは、文化と時代によって様々に異なっている。近時この概念は社会理論の中で、人間の根元的な無知への対処法として、重要性を再認識されつつある」。

この説明の最初にある闘争と協調について辞書的意味について説明しておこう。

まず闘争であるが、これは武力を用いての斬り合い、撃ち合い、戦争するという状態から、反公害闘争や賃金闘争、あるいは薬害C型肝炎訴訟のような裁判闘争などのように、目的あるいは要求貫徹の社会運動や労働運動までをも包含する概念である。絶対主義権力に対する市民革命やレジスタンスも武器を伴う闘争であるが、これらの闘争は闘争相手に対する協同的（アソシエートな、あるいは同志的な結合による）闘争ということができる。広い意味における民衆運動などは、協同的闘争ということができる。

戦争は国家間の武力闘争である。紛争は全面的な闘争になる以前の部分的な分散的な争いである。武力闘争の場合は、闘争当事者の一方が滅びるか、降参するか、あるいは両当事者が条件を出し合って話し合って妥協し停戦するという状態が考えられる。この最後の妥協には第三者が仲介をする場合がある。妥協とは対立している双方、あるいは一方が折り合って一致点を見出し、事態を収めるという意味である。最後は話し合い（コミュニケーション的行為）によって事態を収拾することが妥協である。望ましいのは、武力闘争になる前に話し合いによって問題を解決することである。つまり協調することである。協調とは、利害の対立する者同士が平和的に討議としてのコミュニケーション的行為によって相互間の問題を解決することである。

さて、闘争と協調との中間にあると位置づけられている競争については次のような文脈で説明される。競争は利害関係者間の対立による闘争でもないし、また利害関係当事者間の協調でもない。競争は、一定のルールにもとづいて目的の達成を競い合うことであって、それ以上のことでも、それ以下のことでもない。さまざまな試験制度が競争の典型的なものである。

未知であったことを発見したり、新しいことを発明したりすることを可能にするためには、既存の権威的知識を超えて、競争が制度的に確立していることが必要である。つまり知力・体力を発揮する競争が公平に一定のルールにもとづいて行われる制度が必要である。イノベーション（革新）は知力の競争によって可能になる。「発明・発見手段としての競争」が制度化されることが重要である。個人の能力の発揮手段としての競争が社会発展の一要件として必要である。

こうした競争は、人間社会の発展に貢献する競争である。そのための知力・体力の育成・開発は、権威主義や伝統主義から自由である必要があり、かつまたそれは広く社会に開かれていること、すなわち知力・体力発揮の機会平等がなければならないし、その知力・体力の発揮は正当に評価されなければならない。こうした競争を「協同的競争」ということができる。知力・体力の育成や発明・発見は個人一人ではできず、それを可能にする人びとの「協同」としてのアソシエートな社会環境、自由に論議し討議し合えるアソシエーションが必要である。

協同的競争は、技術革新においてのみならず、社会改革においてもなされなければならない。社会改革をめぐる競争は、民主的社会の目指す方向である。議会制民主主義は、よりよい社会のあり方をめぐっての政党間の論議によってよりよい政策についての競争を保障する。協同的競争は協同的組織内部での競争でもあるし、また協同組織間での競争でもありうる。いずれにしても、内部的であれ、外部に対してであれ、競争によって協同組織が発展することが期待される。

協同的競争のわかりやすい例として、団体競技、たとえば野球やサッカーなどの試合をみれば理解しやすい。野球でもサッカーでも、ポジションの獲得をめぐっての内部の競争ははげしいし、また試合においてはそれぞれの選手が得点を目指して頑張る。内部での競争をしながら、全体として協同して試合に臨むのである。協同的競争のよい例である。

(5) 市場における競争

経済的活動の自由にもとづく「市場における競争」を経済発展の原理とする資本主義社会は、同時に差別されない平等権や思想・信条の自由、言論・出版の自由などが保障されることで、市場競争のもたらす諸問題に対して市民が異議申し立てをし、論議をし、その諸問題を解決するための対策をとるように政党をとおして、あるいは社会運動をとおして政府に働きかえることができるし、また市民自身が対案を自ら実行する活動が保障されている点で、他の政治・経済体制よりは自由ということでは優れているのである。資本主義社会は、言論による批判の自由によって、そしてその自由権にもとづく多様な社会運動が保障されていることによって、存続し発展してきたということができる。

しかし、第一章、第二章で述べてきたように、「市場における競争」の孕む問題は多い。自由や人権が侵害され、生活権が脅かされ、自然環境や生活環境が破壊され、経済苦ゆえに自殺へと追い込まれる人も多くなっている。そして今日、日本においても、市場原理主義が資本主義経済の主流になることによって、市場競争は激しくなり、その競争に勝つために企業は非正社員を増やすことによって、派遣労働者やニートや潜在的失業者が増大し社会問題となっている。

たしかに、市場における競争は、さまざまな技術革新による新製品を大量生産し大量消費を可能にする高度大衆消費社会をつくりだす契機となってきた。人びとの生活は家電製品に囲まれて、また車社会の到来によって遠距離交通網が整備され生活の便利性が高まってきた。人びとの生活は物質的には豊かになり、生活水準も上昇してきた。しかし、同時に交通事故も多くなり、企業や車の廃棄する排気ガスが地球温暖化の一因になっている。

産業社会の発展は、地球温暖化を加速化しつつあり、その対策が国際会議の最大の問題の一つになってきた。しかし、各国の経済成長に関しての利害関係が錯綜して、各国がそれぞれ具体的に温室効果ガスの削減目標を呈示して、その目標に向かって努力するということについて、合意することが困難な状況にある。国境を越えて、人間の英知を最大限発揮することで、脱地球温暖化政策に取り組まねば、人類の未来は閉ざされてしまうという危機意識を指導者たちはもたねばならない。

考えるに、南極や北極、またヒマラヤ山脈などが氷河で覆われ、また南半球などが原始林や熱帯雨林で覆われてきた地球の生態系は、生物の多様性を可能にし、人類を誕生させ、何万年にわたる人類の歴史を可能にしてきたのである。今日、人間の都合で吐き出される二酸化炭素を吸収し酸素を補給する原始林や森林の多くが開発の名の下に伐採されて、生態系が破壊され、生物の多様性が減少しているのである。このことも地球温暖化の大きな要因になっている。

地球温暖化によって大型化した自然災害で大きな被害をうけるのは、貧しい人たちである。地球温暖化はいっそうの貧富の格差を拡大する。災害を受けた貧しい人たちは、ますます貧しくなる。「市場における競争」は、地球温暖化に拍車を掛けながら、貧富の格差拡大にも拍車を加えてきたのである。

市場原理主義に立脚する資本主義経済は、まさしく諸刃の剣である。とすれば、それに取って代わるか、あるいは市場経済のあり方を改革する「第三の経済の道」はあるのか。

二　アソシエーションとしての「社会的経済」

(1)　アソシエーションの発生史的考察

前節で論じた協同としての、あるいは連帯としてのアソシエーションという用語が使われ始めたのは、フランス革命を経て一九世紀に入って、フランスで産業革命が始まり、資本主義経済が発展し始めると同時に、労働問題、貧困問題、失業問題、都市問題を初めとする社会的諸問題が起こってきた時代である。この時代に、こうした社会問題を解決するさまざまな思想的・実践的な構想が「社会主義・協同体主義（アソシエーショニズム）」として競って呈示された。

アソシエーションという用語は、こうした状況のなかで使われ始めたのである。したがって、アソシエーションは、資本主義経済の変革を目指す諸運動の坩堝のなかで使われてきた。マルクスも、こうしたフランスの状況をふまえて、アソシアシオン（アソシエーション）という用語を使っているのである。したがって、資本主義経済の発展とともに生じてきた社会的諸問題を「自由で自立した人びとが協同して解決する連帯組織」がアソシエーションであった。この自由で自立した平等な人間は、アメリカ独立革命やフランス革命によって宣言された人間革命としての基本的人権思想によって確立されたのである。

社会変革を目指すアソシエーションの諸潮流には、初期社会主義、労働者アソシエーション（労働者生産協同組合）、カソリック社会主義、労働運動、労働者扶助組織、サン・シモン主義者の「普遍的協同社会《アソシエーション》」の構想、イギリスではオウエンの共同体運動、そしてロッチデール公正開拓者同盟（消費者協同組合）などの運動があった。アソシエーションは、自由で平等な人びとが協同し連帯して、よりよい社会を目指す社会変革、社会改革の運動である。

この基本的な視点は今日も変わらない。人間革命によって人間の基本的権利として確立した言論の自由、結社の自由、そして政治権力批判の自由、資本主義経済批判の自由が保障されている民主主義社会においては、社会変革・改革の運動は、武力抗争をともなうことなく民主的で平和的方法での言論による論争をとおしてなされる。武力闘争をとおしての革命による社会変革よりは、民主的国家における言論による社会改革の方向が社会進化の方向であるといえるだろう。それでもなお今日、武力闘争によって相手を制圧しようとする軍事的覇権主義が、アメリカ主導のイラ

サン・シモン（Saint-Simon, 1760-1825）
フランスの社会主義者、社会改革者。フランス革命後のフランスおよびヨーロッパの社会の再組織化を目指して論陣をはった。

オウエン（Owen, R., 1771-1858）
ユートピア社会主義者であり、イギリスの社会主義、協同組合運動の父といわれる。資本主義を批判して、共産主義的な共同体によって社会変革を試みた。その共同体としてアメリカに建設したニュー・ハーモニーでの実験を試みたが失敗した。

ク戦争において自由と民主主義を標榜しながら行われている。こうした情勢のなかで、ますます対話的コミュニケーション的行為論や平和的なアソシエーション革命が重要となる。

(2)　アソシエーションとしての社会的経済の復権

資本制支配の資本主義経済のもたらす社会問題を解決するために生まれた、前述したアソシエーションの諸潮流は、市場経済でも公共経済でもない「社会的経済」の運動として括ることができる。社会的経済という用語は、一九世紀のさまざまな資本主義経済批判が交錯する場で生まれたのである。社会的経済の「社会的」とは、相互扶助であり、相互協力・連帯である。前述した「協同」である。したがって、社会的経済は、「協同経済」であり、その経済を可能にする「協同労働」である。協同労働は資本家に雇われて働く賃金労働ではない。それは共同資本のもとで、よりよい社会的生活世界を互いに協力しながら目指す労働である。

こうした社会的経済の典型的な組織が、労働者アソシエーションとしての労働者生産協同組合であり、消費者生活協同組合である。前者の出自はフランスのアソシエーションにあり、後者の出自はイギリスのロッチデール公正開拓者同盟にあった。いずれも一九世紀前半に、資本主義経済が発展するにつれて労働者が労働組合をつくり、階級闘争を繰り広げながら、同時にお互いが資金を出し合って、協同経営をするアソシエーションを、生産の現場と生活の現場につくって、生産と消費において協同しながら相互扶助組織としての協同組合をつくったのである。

こうした歴史的背景のもとに呈示された社会的経済は、資本主義経済に対抗して形成されたソ連や東欧、その他の国権的な社会主義や、あるいは資本主義国家の植民地化政策や帝国主義化、さらに第一次、第二次世界大戦、そして戦後の資本主義経済の発展のなかで福祉国家化が進むことで、次第に顧みられなくなっていった。

しかし、ソビエト社会主義国家が崩壊し、大きな政府による社会民主的な福祉国家が財政的にゆきづまり、市場競争による経済発展を目指す自由主義的な資本主義経済が復権してくる。しかし、そのことがまた国民の間に経済的格差を拡げ、貧困問題や、教育、医療、福祉、介護などの格差問題が生じてきた。そして市場経済のグローバリゼーションによって各国が直面している諸問題（地球温暖化、環境、核、放射能汚染、資源、人口、南北、貧困、エイズ、雇用、食糧、教育、福祉、災害、地域紛争、戦争、難民、移民、差別、性暴力、など）は、国家だけによっても、市場経済によっても、またこの両者のシステムによっても解決できない問題である。これらの問題の多くは、国家—市場システムによる経済成長至上主義の結果生じてきた問題でもある。

こうした状況のなかで、社会的経済が復権してきたのである。フランスでは、一九七〇年代に社会的経済概念がとりあげられ、一九八〇年代に社会的経済は、ミッテラン大統領によって推進されたのである。一九八〇年にフランスで発表された社会的経済の憲章は、次のようである。

①　社会的経済は、協同組合、共済組合、そしてアソシエーションによって遂行される経済を含む。

②　社会的経済の企業は民主的に運営される。

③　社会的経済の企業のメンバーは、それぞれ選択した活動形態（協同組合、共済組合、アソシエーション）に従って、企業活動に責任をもつ。

④　すべての組合員が生産手段の所有者という資格をもつ社会的経済の企業は、教育・情報活動により、内部に新しい社会関係を創造するように努める。

⑤　社会的経済の企業は、各企業の機会平等を要求する。また、その自由を重視して発展の権利を認める。

⑥　事業の剰余金は企業の発展と組合員へのよりよいサービスにのみ用いられる。

⑦　社会的経済の企業は、個人と集団の向上をめざして、社会の調和ある発展に参加するように努める。

⑧　社会的経済の企業は人間への奉仕を目的とする。

三　フランスのアソシエーション法

(1)　NPOとしてのアソシエーション

共済組合は、それぞれの協同組合や労働組合、あるいは事業所の従業員などで組織し、組合員の福利厚生の増進を図ることを目的として、組合員の積立金をもとにして組合員の疾病、負傷、死亡、退職などにさいして給付する相互扶助団体である。社会的経済は、協同組合、共済組合、そしてアソシエーションから構成されると、フランスの社会的経済憲章には明記されている。そこで問題になるのは、アソシエーションである。協同組合も共済組合もアソシエーションであるが、それらの組合と併記されているアソシエーションは、この両組合以外のアソシエーション、今日の概念でいえば、NPOにあたるものである。

なぜ、フランスにおいて、社会的経済のなかに協同組合、共済組合とともにアソシエーションを列挙したのかといえば、フランスには一九〇一年に成立した「アソシエーションの自由」に関する法律が制定され、それにもとづいて今日多くのアソシエーション（NPO）が各領域で活動しているからである。

フランス革命後、フランスでは個人の自由と権利における平等を認めたが、アソシエーションの自由を認めなかったのである。つまり、国家と個人のあいだの中間集団は個人の自由を拘束するものと考えられたからである。個人の自由は国家が守るという考え方は、中央集権的な国家の思考で、事実フランス近代国家は、革命後成立した「ジャコバン共和政、その反動として成立するナポレオン帝政、帝政の崩壊による王政復古というサイクルを描きながら、さらに第二共和制から第二帝政へと類似した第二サイクルを描いて第三共和制にたどり着く」（高橋　二〇〇七　二七四）。その間に十数個の成文憲法を生み出した。

その間、労働運動、労働者アソシエーション、労働組合、相互扶助組織、その他のさまざまな民衆の文化的、文芸的アソシエーションの運動や活動は禁止され、弾圧された。その法律が一七九一年に制定された「ル・シャプリエ法」であった。この法律は、中世以来、経済活動を独占してきたギルド（同業者組合）を解散して、自由な企業活動を可能にするための法律であり、それは資本主義経済を推進するブルジョアジーにとって有利な法であったが、労働運動にとっては厳しい法律であった。思想的には、国家と個人の間に中間国家を作らないとするルソーの思想と結びついた中央集権的な共和制を目指したルソー＝ジャコバン政治と、「アソシエーション（結社）の自由」を禁止したル・シャプリエ法によって、一九世紀のアソシエーション史は大きな影響を受けたのである。

こうした権力状況にもかかわらず、さまざまな反権力国家的で反資本主義的な思想が呈示され、それにもとづく運動が行われてきた。その思想はフランス革命の精神によってもたらされた自由と権利における平等という思想であり、その権利とは、自由、所有権、安全、圧制への抵抗であった。

これらの権利は一七八九年八月二六日に公布された「人および市民の権利の宣言」に謳われている。第一条［自由と権利における平等］「人は、自由で権利における平等なものとして生まれ、かつ、自由で権利において平等なものであり続ける」。第二条［政治社会の目的と自然権の内容］「あらゆる政治社会形成の目的は、人の自然的で時効消滅することのない権利の保全である。その権利は、自由、所有権、安全、圧制への抵抗である」。

(2) アソシエーション法の制定

以上のような「人および市民の権利の宣言」にもかかわらず、アソシエーションの自由は厳しく禁止されてきた。それにもかかわらず、労働者や民衆は連帯を強めて権力と闘い、次第にアソシエーションの自由を獲得していった。たとえば、労働者の争議権の獲得、協同組合の合法化、相互扶助組合の承認、集会の自由の拡大などを国家に承認させた。

かくして、さまざまなアソシエーション運動の結果、ついに一九〇一年七月一日に「アソシエーション契約に関する法律」（アソシエーション法）が制定された。この法律は二〇条ほどの条文からなる小さな法律であるが、「結社の自由」を宣言した法律として有名である。この法律は、憲法院によって憲法的価値をもつものとして今日も適用されている（大村　一八六）。

アソシエーション法の第一条では、アソシエーションの定義がなされている。それは次のようである（アソシエーションはフランス語ではアソシアシオンであるが、本書では、アソシエーションで通した）。

「アソシエーションは、恒常的な形態で二人以上の者が、利益の分配以外の目的のためにその有する知識と活動を共同のものとする合意である。アソシエーションは、その有効性に関しては、契約と債務に適用される一般規則によって規律される」。

第二条では、設立の自由について次のように述べられている。「アソシエーションは、許可なしにかつ事前の届出なしに、自由に設立することができる。ただし、第五条の定めに従わない限り、法的能力をもたない」。

第三条は、無効原因として次のように規定されている。「アソシエーションはすべて、その目的が違法な場合、法律に反する場合、良俗に反する場合、また領土の一体性もしくは政府の共和主義的形態を損なう場合には、無効でありいかなる効力も有しない。」

すなわち、アソシエーションは、二人以上の人びとが協同して営む非営利の活動であり、その活動が、既存の法律や公序に反しない限り、目的のいかんにかかわらず、設立できるのである。ただし法人格を得るためには規約を決め、それを県庁の窓口にもっていくという手続きが必要である。

この一九〇一年に制定されたアソシエーション法は現在もなお適用され、一九七〇年頃にはアソシエーション設立件数が二万件ほどであったが、現在では毎年六万件に達している。現在、フランスのアソシエーションの数は、七〇〜八〇万に達しているとされている。こうした増大傾向に拍車を掛けた理由として、先にも述べた「社会的経済」の法制化とミッテラン大統領によるその推進があったと考えられる。

言い換えれば、あくなき営利追求の資本主義経済の発展は、諸刃の剣であり、といって国権的な社会主義は基本的人権を抑圧する官僚主義的な福祉国家であるという歴史的な経験を経て選択すべき第三の道は、市場経済（資本主義）でも公共経済（国家社会主義）でもない社会的経済の推進である。もちろん、社会的経済が市場経済と公共経済にとって代わるわけではないが、社会的経済の活動領域を拡大することによって、市場経済と公共経済では満たすことのできない人びとの生活ニーズに対応することで、市場経済と公共経済のあり方を変え、憲法で保障されている基本的人権と「健康で文化的な最低限度の生活を営む権利」が実現するのである。

(3)　上位概念としてのアソシエーション

要するに、社会的経済とは、公共経済によっても、市場経済によってもとりあげられない人びとのニーズを、市民自らの手によって協力して満たすアソシエーションとしての協同事業である。フランスでは、述べてきたように、社会的経済の構成体は協同組合、共済組合、そしてアソシエーション（NPO）であるとされているが、本書では、国家や市場から自立した、また国家や市場の改革を求めながら社会運動や活動をする非営利・非政府の協同組織を上位概念として広くアソシエーションとして概念化する。この上位概念の下位概念に協同組合、共済組合、そしてNPO、NGO、その他さまざまな領域でのボランティア活動、社会運動、社会活動などが位置づけられる。これらの集合体をアソシエーション・セクターという。このアソシエーション・セクターが国家と市場のセクターに対して「社会」セクターを構成する。

フランスでのアソシエーションは、歴史的にかつ発生史的に考察して、資本主義経済批判、そして資本主義経済と結びつく国家批判の立場を根源においていた。この視点は、現代のアソシエーション論の根底にある。こうした批判的潮流があって、自由と平等の権利は保障され、人びとの生活世界は充実し、個々人の個性は発揮され、そして「各人の自由な発展が万人の自由な発展の条件であるような一つのアソシエーションが現れてくる」（マルクス）。そういうアソシエーションの集合体としての「市民社会」が現れてくるのである。

四　二一世紀はＮＰＯ（非営利・非政府）アソシエーションの時代

(1)　アソシエーション・セクター

以上の記述からもわかるように、社会全体を構成しているセクターは、公的（国家・自治体の行政）セクター、私的（私企業）セクター、そして共的（非政府・非営利の、あるいはボランタリーな民衆の、また市民の形成するアソシエーションの集合体である）社会セクターからなる。民衆のボランタリーな自律的協働でつくる共的「社会」は、近代国家が形成され、資本主義経済の市場システムがコミュニティ（地域共同体）や家族に浸透するにつれて、次第に衰退していった。しかし、資本主義社会が高度大衆消費社会をもたらすとともに、廃棄物や環境問題が深刻化し、同時に少子高齢社会の到来や貧富の格差の拡大とともに、社会サービスの需要が急増してきた。

こうした社会サービス—高齢者の介護・医療、育児、成人教育、職業訓練、失業対策、移民・難民・障害者・母子家庭・不登校児等の支援、地域経済の振興など—の需要やニーズを満たすには、政府機関だけでは不十分であるし、民営化には馴染まない。こうした社会サービスのニーズに応えるために行政の社会保障部門が拡大しつつあるが、その運営は法律や規則にもとづいて官僚的であって、個々の個別的なニーズに十分に応えられない。

社会サービスを必要としている人びとのニーズを満たす仕事をするためには、非営利民間の共的な社会セクター（アソシエーション・セクター）に委託することが必要である。そして社会セクターを構成する非営利で非政府のアソシエーションを多様な領域で形成することが、政府に政策の方向転換をさせ、政府セクターが社会サービス部門において成果をあげるための重要な一歩となるのである。

(2)　日本の「特定非営利活動促進法」（NPO法）

政府や市場から独立したアソシエーション（NPO）としての協同組織がなしうる最大の貢献は、それが「新たな市民社会」形成の核になることにある。とりわけ、日本の戦後を主導してきたのは政官財の談合的公共政策であり、戦後議会制民主主義はそのために形骸化され、自民党一党政権が続いてきた。官僚が政治と経済を取り仕切ってきた。官僚の業界への天下り、そして政治家への転身が官僚制支配を象徴してきた。戦後六〇年にしてようやく政治の官僚制支配からの脱皮が図られているという状況にあるが、政党政治はなおほど遠い。

官僚制と市場経済から自立した「市民社会」がなければ、その政治・行政機関は民主主義を形骸化し、「権力」となるにすぎない。国民を結びつけるものは、権力への迎合でしかない。戦後日本社会は、国家と市場から自立し、そのあり方を批判し、より自由で平等の社会を形成しようとする民主的勢力は、社会主義国家の幻想と結びつくことによって、経済成長を演出してきた政官財の談合的政策を改革することはできず、官僚制国家と資本主義経済を改革するための「市民社会」形成の原動力としての役割を果たしきれなかった。

紆余曲折を経ながら右肩上がりの経済成長をつづけてきた日本社会は、一九九一年のバブル経済の崩壊と一九九五年一月一七日の阪神淡路大震災を契機に大きく変わり始めた。バブル経済崩壊後の日本経済界の変容については、すでに第一章、二章において論じてきたが、それを一言でいえば、市場原理主義による経済の運営である。それは市場における自由競争による勝者劣敗、適者生存の市場資本主義による経済の運営である。その結果、日本は、アメリカと同じように、生活における格差が拡大し、社会の二極化がすすんできた。豊かさのなかの貧しさが日立つようになってきた。述べてきたように、「市場における競争」の孕む問題は大きい。

こうした経済変動のさなかに、阪神淡路大震災が起こり、多くの建物が崩壊し、火災が起こり、多くの人びとの命が失われた。一〇〇万人以上の多くの人びと、とりわけ若者たちが、全国からボランティアとして救援活動のために駆けつけたのである。これをきっかけに市民団体が働きかけて、一九九八年十二月にようやくにして日本の「アソシエーション法」に相当する「特定非営利活動促進法」いわゆるNPO法が施行されるにいたった。

フランスの「アソシエーション法」に遅れること一〇〇年、ようやく日本の「市民社会」の曙といった感じである。なぜ「市民活動促進法」にしなかったかといえば、自民党の当事者が「市民」という言葉を使うことに強く反対したからである。この程度の政治家がいまなおいるということは驚くべきことである。しかし、市民側が頑張った結果、この法律の第一条に国民ではなく「市民」という言葉が用いられていることは、妥協の産物とはいえ一歩前進したと評価できる。その法律は、一八九六（明治二九）年に法制化された民法三四条の公益法人（社団法人、財団法人等）とは別の法律として制定されたことは評価できる。なぜならば、この法律は官僚制的支配の強いものであったからである。両者を比較してみよう。まず民法三四条の公益法人についての規定は次のようになっている。

「祭祀、宗教、慈善、学術、技芸、その他公益に関する社団又は財団にして営利を目的とせざるものは主務官庁の許可を得て之を法人と為すことを得」

これに対して「特定非営利活動促進法」の第一条は次のようである。

「この法律は、特定非営利活動を行う団体に法人格を付与すること等により、ボランティア活動をはじめとする市民が行う自由な社会貢献活動としての特定非営利活動の健全な発展を促進し、もって公益の増進に寄与することを目的とする」。そして法人格をえるためには、それぞれの団体の所在地のある都道府県に所定の届出をすれば認可されることになった。特定化された非営利活動として次の一七の領域が挙げられている。

① 保健、医療又は福祉の増進を図る活動
② 社会教育の推進を図る活動
③ まちづくりの推進を図る活動
④ 文化、芸術、スポーツの振興を図る活動
⑤ 環境の保全を図る活動
⑥ 災害救援活動

⑦　地域安全活動
⑧　人権の擁護又は平和の推進を図る活動
⑨　国際協力の活動
⑩　男女共同参画社会の形成と促進を図る活動
⑪　子供の健全育成を図る活動
⑫　情報化社会の発展を図る活動
⑬　科学技術の振興を図る活動
⑭　経済活動の活性化を図る活動
⑮　職業能力の開発又は雇用機会の拡充を支援する活動
⑯　消費者の保護を図る活動
⑰　前各号に掲げる活動を行う団体の運営又は活動に関する連絡、助言又は援助の活動

以上の項目は、ほとんどすべて公共的活動として法制化されて政府あるいは地方自治体によって推進されている活動でもある。したがって、これらの非営利活動は、政府あるいは地方自治体を補完するための活動であろうか。そうすると官僚制の縦のヒエラルヒーのうちにこれらの活動が組み込まれてしまうのではないかと危惧する。この法律によって形成された団体数は、二〇〇七年現在三万を越えたが、フラ

ンスの八〇万のアソシエーション数に比べたらはるかに少ない。今日、公益法人に関する明治民法は廃止されて新しい非営利法人法が制定されることになったが、さらに法整備をして「市民活動法」（アソシエーション法）として一本化されることが期待される。

というのは、「特定非営利活動促進法」と、現在も適用されている一九〇一年に制定されたフランスの「アソシエーション法」とを比べてみてほしい。フランスでは、フランス革命の後、労働者や民衆はほぼ一世紀にわたって国家権力と闘いその結果「アソシエーション法」を勝ち取ったのである。それが現在もなお憲法的価値をもってアソシエーションの自由が守られているのである。それに比べて、日本の「特定非営利活動促進法」は、なお官僚制的な色彩の強い法律で公（国家）益に奉仕することを前提にしている法律であるとも読み取れる。

フランスのアソシエーション法は、幅広く結社の自由を認めたもので、第三条の「無効原因」に反しない限り、自由に設立できる。そもそも社会貢献とは何か、また公益とは何かということも、一義的に規定できないのである。自由な民主的な社会では、国家権力への批判的自由がなければ、民主的国家そのものが存立できないのである。このような観点からみると、「特定非営利活動促進法」は、ＮＰＯ法としては限界があるといわざるをえない。しかし、それを市民社会形成のための突破口として活用し、市民社会を形成し発展させるための、幅広いアソシエーション運動を展開していかねばならないのである。

フランスのアソシエーション法にもとづく活動にも、現行の法律によって制約はあるが、いくつかの法律が、特定のアソシエーションに対して公的な目的を実現するための訴権（判決請求権）を認めているのである。すなわち、人種差別・性暴力・児童虐待・戦争犯罪・戦争肯定・性差別・森林放火・障害者差別・テロリズム・社会的＝文化的排除・旧軍人・交通犯罪・動物保護・フランス語擁護・公共交通機関での事故・薬物使用などにつき、アソシエーションに訴権が認められている（大村　一九九九）。このような幅広い活動がアソシエーションに認められているのである。

(3)　トクヴィルによるアメリカのボランタリー・アソシエーションの発見

アメリカのＮＰＯの概念は、トクヴィルが一八三一年から三二年にかけてフランスの司法官としてアメリカ合衆国を視察し、その副産物として出版した大著『アメリカの民主政治』（一八三五〜四〇年）にまでさかのぼる。この時代、フランスでは論じたようにアソシエーションや社会的経済が、資本主義経済のもたらす諸問題を解決するために呈示され始めた時代であった。

アメリカ合衆国の歴史は、イギリスの植民地にコミュニティを建設することから始まった。アメリカ民主主義が個人主義を価値観としながら、アノミー状況や専制政治を避けえた理由として、アメリカ人が協調あるいは連帯の精神によってコミュニティを建設し、それを基盤にしてさまざまなボランタリー・アソシエーションを形成してきたことに注目したのは、トクヴィルであった。アソシエーションは、私的市民であり、自由な個人であることを主張しながら、同時に日々の生活では社会的に結ばれる公的市民でもありたいと願うアメリカ人にとってはうってつけの社会的な手段であった。自由と連帯がアメリカ人の個人主義の根底にあった。

アメリカ社会が発展していくのを見て、多くの人が注目したのは政治的および産業的な諸団体であったし、そういう団体は観察されやすかった。しかしボランタリー・アソシエーションは人びとにとっては日常的に身近なところにあり生活の一環として自明なものであったために、かえって注目されなかった。このようなアソシエーションが、アメリカ社会の発展の基盤にあり、それがあらゆる科学のよって立つ母体となっていることに注目し、かつアメリカ民主主義の底流にあるものとして観察したトクヴィルの洞察力には瞠目すべきものがあった。トクヴィルは、アソシエーションには支配服従関係は存在しないと論じ、かつ対等な人びとの相互行為(互酬性)のみによって、感情と思想は新しくなると論じている。

(4) アメリカのNPOセクター

こうしたアソシエーションを背景としながら、アメリカ資本主義社会は発展してきた。国家や市場の勢力が拡大してきた今日のアメリカにおいて、アソシエーションとしてのNPOセクターは、トクヴィルが観察した時と同じように、あるいはそれ以上にアメリカ社会の重要な構成要素の一つになっているのである。

一九九七年にジョン・ホプキンズ大学のサラモンを中心とする『世界のNPOの国際比較の研究シリーズ（*Johns Hopkins Nonprofit Sector Series*）』全十二巻が出版された。そこで用いられているNPOセクターを規定する特徴は次の六つである。

① 公式に設立されたもの
② 民間のもの（非政府機関という意味で）
③ 利益配分をしないこと
④ 自主管理
⑤ 有志によるもの
⑥ 公益のためのもの

① の「公式に設立されたもの」とは、ある程度公式的に組織化され、一時的にで

はなく持続して、ある目的のために存在するものという意味である。NPOセクターには法人化されていないものも多数含まれるが、一般的にNPO（非営利組織）は、各州によって（日本では都道府県によって）認められた法人組織である。このことによってNPO組織自体が法人として契約当事者になることができ、かつ組織の活動に対して特定個人が個人的に財政上の責任を負う必要はなくなる。

② の「民間のもの」とは、制度的に政府から独立したものという意味である。つまり政府機関の一部ではないし、官僚の統制下にあるものでもないということである。しかし、それは政府からの財政上の支援を受けないという意味ではない。それによって政府の肩代わりをするのではない。政府の官僚制組織によってはなしえないことをするのである。

民間というのは、非営利民間の意味であって、営利民間の私企業組織ではない。

③ の「利益配分をしないこと」の意味は、組織の創設者や所有者あるいは共有者のために利益を生み出すためのものではないということである。剰余金を出すことはあっても、それは組織本来の使命や目的のために再投資されなければならないのである。これが「貨幣的残余の配分禁止」の原則である。

④ の「自主管理」とは、自分たちの立ち上げた組織は自分たちで管理運営するのであって、外部の力を借りないということである。

⑤の「有志によるもの」とは、組織への人びとの参加は自らの自発的意志によってなされるということである。ボランタリズムが根底にあるということである。

⑥の「公益のためのもの」とは、私益のためではなく、広く社会のために、つまり不特定多数の人びとのために活動するということ、公共のためにあるということである。国家のためでも、利益のためでもなく、公共として「社会」のためにあるということである。

非営利組織国際分類の大項目は次のようである。

1　文化・リクリエーション
2　教育・研究
3　保健・医療
4　社会サービス
5　環境
6　地域開発・住宅
7　法律・アドボカシー・政治
8　民間による公益活動支援仲介組織およびボランタリズムの推進
9　国際活動

10　宗教
11　業界・職業団体・組合
12　その他に分類されないもの

いうまでもなく、ＮＰＯは役人の天下りや有名人の社会的ポストの確保のためにあるのではない。しばしば、ＮＰＯ組織が政府からの補助金が多くなったり、組織規模が大きくなったりすると、本来の社会的使命を忘れて、政治化したり官僚制化したり、利益化したりして、脱アソシエーション化することが起こりうる。非営利と営利との区別が曖昧になり、非営利が営利組織に移行することが起こるのである。政府からの援助がなくなったり、運営のための費用が嵩むことで、高額の会費をとったりして不特定多数の人びとではなく、特定少数の人びとの非営利組織に移行していく。私立病院や私立学校などは、非営利であるが、高額な費用がかかるのである。

(5)　NPOセクターの分類

サラモンは、ＮＰＯセクターの分類を公共奉仕型と会員奉仕型の組織に分けている。会員奉仕型とは「会員の、会員による、会員のための」組織である。それには、共済組合、協同組合、政党、社交クラブ、文芸クラブ、リクリエーションやスポーツ・クラブなどがある。公共奉仕型には以下のような組織がある。これらは、非営利法人として、たとえば財団法人として運営される。

①　保健医療――病院、診察所、老人ホームや個人介護施設、家庭医療センター、特別施設（たとえば肝臓透析施設）等。

②　教育――初等・中等教育、高等教育、図書館、職業学校、非営利研究機関、およびこれらに関連した教育サービス等。

③　ソーシャル・サービス・法律相談――個人や家庭福祉、職業訓練や転職・復職サービス、宿泊施設、デイケア、法律扶助サービス等。

④　市民・社会――アドボカシー団体、公民権運動組織、地域のための組織等。

⑤　芸術・文化――楽団、交響楽団、演劇グループ、博物館・美術館、アート・ギャラリー、植物園や動物園等。

アメリカ人はこれら多くの分野でボランティアとして活動し、また公共のために寄付をする文化がある。この寄付による資金を集めそれを供給する仲介機関として財団、連合資金供給機関、そして募金活動専門家、宗教団体、共同募金団体などがある。

人類史の初めには、まず人びとの相互扶助や連帯・協力の関係がつくる「共同社会」があって、歴史が進むにしたがってその共同社会を補完するために政府・国家がつくられ、そして営利組織として私企業が発展してきたのである。ところが、今日政府と市場システムがこの「共同社会」（コミュニティ）を侵食し、そのために連帯・協力の関係が衰退してきた。ここに現代社会の直面している危機的位相が現れている。かくして、再び非営利・非権力のアソシエーションの位相が呼び出されつつあるのが現代である。一世紀半以上まえに、アメリカを視察したトクヴィルは次のように述べている。

「民主的社会においては、アソシエーションの科学は科学の母体であり、他のすべての諸科学の進歩は、アソシエーションの進歩に依拠している。人間社会を管理する諸法則のうち、他のすべての諸法則よりも、一層正確で、そして一層明瞭であるように見える法則がある。それは次のものである。人びとが文明人としてとどまり、また文明人になるためには、人びとの間で地位の平等が増大するに正比例して、アソシエーションの術が発展し、そして完成されることが必要である」。

喫茶室

社会関係資本の減耗とアメリカ貧困大国

アメリカの政治学者パットナムは、イタリアの州・地方政府の業績成果を比較研究して、イタリアの南北にはきわめて対照的な社会構造上の差異があることを明らかにした。その研究でパットナムが用いたキー概念が社会関係資本である。社会関係資本とは、日々の社会生活において、他者に対する期待が相互肯定的に実現されることによって醸成される自発性、信頼、互酬性、協力などによって特徴づけられる人間関係のことである。イタリアの北部は社会関係資本を蓄積してきたが、南部は縁故・恩顧・庇護主義によって特徴づけられる人間関係を温存してきた。社会関係資本の蓄積度の低さは、相互信頼関係としての人間関係を希薄化させ、特権や汚職、身内意識、ボス支配などを生み出してきた。パットナムは、地域社会にさまざまなボランタリー・アソシエーションが活動していればいるほど、信頼や互酬性のネットワークによって形成される社会関係資本の蓄積度も高まるという仮説を提示した。しかし、市場資本主義経済の地域社会への浸透は、社会関係資本を減耗させ、コミュニティを衰退させ、多くの人びとを孤独・貧困へと追い込んできた。そして格差社会が拡大してきた。現代のアメリカ合衆国は、市場覇権主義のグローバル化によって、貧困層を拡大再生産し、その貧困層の若者たちを世界各地に派兵して軍事的覇権主義を維持しているのである。一九六〇年代以降、アメリカの民主主義の基盤にあったボランタリー・アソシエーションが減少し、九・一一の同時多発テロ事件以後、アメリカは監視社会の様相を強めているのである。

第四章

アソシエーションとしての協同組合

一　協同組合のアイデンティティ

(1)　国際協同組合同盟（ＩＣＡ）

国際協同組合同盟は、一八九五年に設立され、本部をジュネーブにおく世界の協同組合の連合組織で、生協、農協、漁協、森林組合、労働者協同組合、住宅協同組合、医療協同組合、信用協同組合など九五ヵ国の協同組合が加盟している世界最大の非営利・非政府組織（ＮＧＯ）であり、その組合員総数は七億六〇〇〇万人に達する。一九九五年マンチェスターで開催された第三一回の国際協同組合大会において「協同組合のアイデンティティに関する声明」が採択された。その声明における協同組合の定義、価値、そして原則は次のようである。

「協同組合とは、共同で所有され民主的に管理される事業体を通じて、共通の経済的、社会的、文化的なニーズと願いを満たすために、自発的に手を結んだ人びとの自主的なアソシエーションである」。

この定義からもわかるように、協同組合は共同資本によって民主的に運営される経済的事業体であることによって人びとの経済的ニーズに応えるばかりか、同時にそれを基盤にして社会的、文化的なニーズにも対応する人びとの自発的なアソシエーション（協同組織）であるということである。この定義に続いて、協同組合の「価値」と「原則」が示されている。「価値」は「協同組合は、自助、民主主義、平等、公正、そして連帯の価値を基礎とする。協同組合の組合員は、誠実、公開、社会的責任、そして他者への配慮という倫理的価値を信じる」とある。

「原則」は協同組合がその価値を実践に移すための指針である。それは次のようである。（一部省略）

第一原則　自発的で開かれた組合員資格

第二原則　組合員による民主的管理　組合員は一人一票という平等の決議権を持っている。

第三原則　組合員の経済的参加　組合員は、協同組合の資本に公正に寄与し、それを民主的に管理する。組合員は加入の条件として出資した出資金に対して、通常（報酬がある場合でも）制限された報酬を受け取る。組合員は、剰余金を次の目的の何れか、または全てのために配分する。

1　協同組合の発展のため
2　協同組合との取引高に応じた組合員への配分のため
3　組合員の合意により他の活動を支援するため

第四原則　自治と自立　協同組合は、組合員により管理される自治的な自助組織である。政府を含む他の組織と取決めを行ったり、外部から資本を調達したりする際は、組合員の民主的管理を保証し、協同組合の自治を保持する条件において行う。

第五原則　教育、訓練および広報

第六原則　協同組合間協同

第七原則　コミュニティへの関心　協同組合は、組合員のニーズと願いに焦点を合わせながら、コミュニティの持続可能な発展にために活動する。

(2)　協同組合の歴史的源流

社会的経済の担い手である協同組合は、以上の協同組合の定義、価値、原則からもわかるように、利潤追求を至上命令とする私企業とも、また法権力を背景に調達する租税財源によって公共事業を遂行する国家や自治体とも異なって、非営利・非政府の民主的なアソシエーションである。協同組合は、競争や管理ではなく、自立・連帯・協同の原理にもとづき、人間と社会と自然に責任をもつことにその社会的存在の意義をみいだす組織である。

さらにいえば、協同組合は、自由で平等な市民が自発的意志にもとづいて共同出資し、共同経営し、そして協働することによって、人間として生きていくに必要なニーズと願いを満たすための、市場経済や国家から自律した民主的な協同事業体であり、かつ社会運動体である。

協同組合の歴史的源流は、第一章で述べた共同体における相互扶助や互酬性にあり、それらの関係は人間の歴史においてみられる歴史貫通的な関係である。社会が共同体、封建社会、絶対主義社会、そして近代資本主義社会へと変化していく過程で、農民や労働者や庶民はしばしば権力によって搾取され、生活の困窮状態に追い込まれてきた。そういう状況のなかで、人びとは相互扶助組織を形成してきた。また生活の困難な状況に追い込まれた人びとを援助する慈善活動家や社会運動家が現れて手をさしのべてきた。

近代市民社会になって、人間革命と産業革命が始まり、資本主義経済の発展とそれがもたらす社会的諸問題に対して、人びとは人間革命によって獲得した自由・平

ボアブ(Boyve, E., 1840-1922)
フランスの協同組合の組織化に貢献する。彼の提唱によって消費組合連合会は組織され、また国際協同組合同盟の創立者の一人となる。

等・友愛という基本的人権思想によって立ち向かってきた。そういう歴史的過程で、相互扶助、連帯、協同の思想にもとづくアソシエーションとしての協同組合が一九世紀前半に形成されたのである。それがフランスの社会的経済や労働者アソシエーション（労働者協同組合）運動であり、イギリスでは一八四四年に労働者二八人が一ポンドずつ出資して、組合員の家庭的、社会的な生活状態を改善する目的で設立されたロッチデール公正開拓者同盟等に始まる消費者生活協同組合運動である。

一八六九年には、第一回全英協同組合大会がロンドンで開催され、一八八五年にはフランスの第一回協同組合大会がパリで開催された。一八八六年、イギリスのプリマスで開催された第十八回全英協同組合大会には、フランス労働者生産協同組合運動の指導者であったボアブが参加し、協同組合の理想と方法を全世界に普及し、各国協同組合の情報を交換する国際機関の必要性を訴えた。そして一八九五年に第一回国際協同組合同盟の大会がロンドンで開催されたのである。一九九二年、アジアで初めて第三〇回国際協同組合大会が東京で開催された。

ＩＣＡは、ヨーロッパ、東中南アフリカ、西アフリカ、アメリカ、アジアにそれぞれの地域事務局が設置されており、このうちアジア太平洋にはニューデリー（本部）とシンガポールに事務所があり、日本生活協同組合連合会（日生協）は職員を派遣して、生協開発やジェンダー活動の分野等で活動を推進している。ＩＣＡは世

大原幽玄（一七九七－一八五八）
江戸後期の農村指導者。農村救済のために組織した先祖株組合は農業協同組合の先駆である。

二宮尊徳（一七八七－一八五六）
江戸末期の農政家・思想家。徹底した実践家で、神・儒・仏の思想をもとに、道徳と経済とを併せ説いた報徳教を創設して、徹底した節倹を力行し、殖産を説いた。

界最大のＮＧＯとして国連の国際労働機関（ＩＬＯ）やユネスコ等と密接な協力関係を築いて活動している。

二　日本の協同組合

(1)　日本の協同組合の歴史

ヨーロッパの協同組合の歴史をみてもわかるように、アソシエーションとしての協同組合は、人間社会の基底にある相互扶助、協同、協働、協力、連帯などの相互肯定的な人間関係を存続するために、これらの関係を阻害する社会現象、とりわけ資本主義経済のゆえに生じる貧困、生活苦、失業などをもたらす資本家勢力と闘いながら、平和でよりよい生活を求めて組織されて活動してきた。

わが国においても、この点においては変わりなく、社会史は人びとの相互扶助や共同（協同）の営みによって、そしてそれを維持し生活をも守るために権力と闘いながら、時には権力を出し抜きながら人びとが生きてきた歴史を描いている。結いや講（無尽や頼母子講など）は農民や庶民の相互扶助の組織であった。また幕末に商品・貨幣経済が発達するなかで生活苦に喘ぐ農民を救うために相互扶助運動を指導した大原幽玄や二宮尊徳の思想と実践は、日本における協同思想の創始の代表的なものとみることができる。

わが国の最初の消費組合は、一八七九（明治十二）年に東京で設立された「共立商社」であった。その設立動機は、物価騰貴などに対する庶民の生活防衛であった。その後いくつかの消費組合や販売組合が組織されたが、理念と現実との乖離のために消失してしまった。

その後、信用組合の設立が問題になるが、これは社会問題発生の原因を資本主義の発展によって生じた小生産者の分解、そして貧富の格差に求め、その対策として信用組合の設立の必要性が主張された。しかし、一八九一年の第二帝国議会に上程された信用組合法案は、審議未了に終わった。

日清戦争（一八九四～九五年）が終わり、資本主義経済が発展するなかで、労働問題や農村問題が頻発した。都市では中小自営業者の破綻が社会問題化し、農村では農民層の分解によって貧困化が社会問題化してきた。こうした状況のなかで、労働者を主体とした生協＝共働店が各地に設立された。これは労働組合を基盤とするもので、日本の生協運動にとって先駆的な意味をもつものであった。

政府は、貧農層の救済や農業の振興のために、そしてまた都市部での中小自営業者を救済するために「産業組合法」（一九〇〇年）を制定した。この法の目的は、それぞれの事業組合の組合員の協力によって、それぞれの産業の発展をはかり、資金力のない貧農層や中小自営業者を救済することを目的とした社団法人としての産業組合の設立であった。この法が、戦後の農協法や生協法の制定に大きな影響を与えることになる。同時に日本の協同組合運動に縦割りの行政のあり方が影響することになるのである。

この法律は、一八九六（明治二九）年に公布された公益法人に関する民法三四条の規定に沿うものであった。社団法人として活動する各種産業組合は、それぞれの主務官庁によって認可され管理監督される社団法人であって、政府から自立し、政府を批判し政府に対抗する運動体ではない。こうした運動体は農民運動や労働運動として燃え上がったが、戦前は日本が軍国主義国家になるにしたがってこれらの運動は弾圧され、解散させられ、また大日本産業報国会に吸収されることになる。

(2) 戦後の生活協同組合の成立

第二次世界大戦（一九四一～四五年）後は、産業組合法によって設立された各種産業組合は農協、生協、漁協、事業協同組合などの各種の協同組合に移行することになる。これらの協同組合は、農協は農林水産省によって、生協は厚生労働省によって管理監督されるように、行政官僚制の縦割り行政によって許認可権が握られ、その運営についても監督されることになった。これらの各種協同組合は大別して、消費者組合と生産者組合に分けられ、業種別に監督官庁によって法制化され、指導されてきた。

敗戦直後、多くの協同組合が設立され、その連合会が一九四五年「日本協同組合同盟」として設立される。会長に賀川豊彦が選出された。賀川は戦前に労働運動、農民運動、協同組合運動を指導し、一九二一年に今日の「コープこうべ」の前身である灘神戸生協を設立した人物で、大正期、昭和期の協同組合運動の啓蒙と実践に活躍した。その他の指導者の多くは、産業組合時代からの指導者であった。

この日本協同組合同盟大会において掲げられた運動目標には、産業組合時代とは異なる注目すべき二つの目的があった。それは生産協同組合の設立と統一協同組合法の制定という課題であった。生産協同組合とは、労働者生産協同組合であり、働くもの（ワーカーズ）の協同組合である。これらの労働者生産協同組合が多くの社会的活動の成果を挙げているという今日の実態にもかかわらず、いまだに法制化されていない。ワーカーズ・コープ（労働者協同組合）センター事業団とワーカーズ・コレクテイブ　ネットワーク　ジャパン（ＷＮＪ）や神奈川ワーカーズ・コレクティブ連合会などがあるが、いまだにこれらの労働者協同組合の法制化がなされていない。そして統一協同組合法も制定されていない。戦後の日本の政治は、なお官僚主義的で、アソシエーション（結社）の自由にもとづく民主的な「市民社会」

の形成という点において後進的である。

このような状況をもたらしたのは、日本協同組合同盟が所期の二つの目的、すなわち労働者（生産）協同組合の設立と統一協同組合法の制定という目的達成から方向転換して、それぞれの組合の個別的な事情を考慮して事業領域ごとの法制化を行うこととして、同盟としては消費者生活協同組合（生協）法の法制化に集約することになった。かくして、各種の個別事業領域ごとの協同組合法が行政官僚制の主導のもとに法制化され、協同組合の統一基本法の制定はいまだなされておらず、労働者協同組合の法制化もなされていないのである。

とりわけ、労働者協同組合の活動は、特定領域にかかわる協同組合ではなく、幅広い領域、たとえば高齢者福祉や育児支援、食事サービス、リサイクル事業、物流事業、製品製造や販売、出版・編集事業などの多様の領域の協同労働に関わる点において他の個別業種の協同組合とは異なる。この点において、縦割り行政を乗り越えた視点が必要になる。

このような所期の目的を積み残して、一九四八年七月に「消費者生活協同組合法」が成立し十月に施行された。それと同時に「産業組合法」は廃止された。そして、一九五一年三月に日本協同組合同盟は、日本生活協同組合連合会（日生協）へと移行する。その初代会長は賀川豊彦であった。その第一回設立総会で「平和とよりよき生活のために」という理念・スローガンが掲げられ、全国の生協運動のスローガンとなった。一九五二年一月に日生協はＩＣＡに加盟した。

(3) 今日の日本生協連の活動

戦後日本の生活協同組合の運動・活動については、斉藤嘉璋章氏の『現代日本生協運動小史』（二〇〇七年）に詳しく述べられている。それによれば、二〇〇五年度の全国生協の到達点は次のようになっている。

日生協会員生協は六二九生協で、組合員総数は二、三四一万人、総事業高三兆三、一七一億円であった。日生協会員生協には、地域生協のほかに、職域生協、学校生協、医療生協、大学生協、労済生協、住宅生協などが含まれている。組合員総数のうち地域生協組合員数は一、六五〇万人となっている。世帯比シェアは三三％となっている。最近の顕著な特徴として、班別購入組合員が減少して、戸（個）配別組合員が増えてきたということである。

生協は生産者と提携してコープ商品を開発しながら、組合員のニーズであるコープ商品の安全性や適切な価格に応えて購買事業活動を拡大してきた。その事業活動を生協の経済的下部構造として、それを基盤にさまざまな社会的活動や運動を行っているのである。暮らしの支援、子育て支援、食品衛生法改正や消費者基本法の制定運動、核兵器廃絶運動、ユニセフ活動、災害への支援活動、環境保全運動などに取り組んできた。

三　労働者協同組合の発展

(1)　労働者協同組合（ワーカーズコープ）

労働者協同組合の歴史は、ヨーロッパでは一九世紀の前半にまで遡る。日本では一九七九年に日本労働者協同組合連合会が形成され、そのモデル事業としてワーカーズコープ（労働者協同組合）センター事業団が設立された。失業者や退職者や女性など、成人男子を中心とする企業の立場から見れば、社会の周辺に位置づけられた人びとのために形成された働く者の協同組合である。そうした人びとが、会社とは違った仕方で社会や地域に必要な仕事を起こし、必要な資金をみんなで出資し、民主的に経営し責任を分かち合って、協同して働くのが労働者協同組合である。働く者が、社会や地域に必要で有用な仕事を起こし、自らも経営や運営に参加しながら協同で労働する、新しい形の協同組合である労働者協同組合（ワーカーズコープ）は、失業と地域崩壊に悩むヨーロッパにおいては、その克服のもっとも有望な担い手として注目されている。労働者協同組合は生活協同組合とともに協同組合の一翼を担う。

日本では、こうした労働者協同組合のための法律が整備されていないために、「協同労働の協同組合」法の制定を政府に働きかける運動を行っているが、「企業組合・労協センター事業団」の法人格と、非営利分野の取り組みを広げるために「特定非営利活動法人（NPO法人）ワーカーズコープ」の二つの法人格を取得して活動している。そして法人格を取得していない労働者協同組合は、日本労働者協同組合連合会センター事業団に所属して活動をしている。なおセンター事業団の関連法人・団体としてセンター事業団が加盟している労協の全国組織としての日本労働者協同組合連合会、日本高齢者生活協同組合連合会、協同組合研究所、社会連帯委員会などがある。

センター事業団・NPOワーカーズコープが取り組んできた事業は、建物の管理や病院の清掃事業、緑化事業、物流事業、高齢者福祉や子育て支援事業、IT講習をはじめとする各種講座事業などである。とくに近年は高齢者福祉に関係して全国各地でホームヘルパーの養成研修講座を行っている。そして地域の人びとの協力を得て、全国に一二〇ヵ所に「地域福祉事業所」を開設し、介護保険の訪問介護や通所介護などの福祉事業を中心に基盤を創出してきた。さらに給食事業や子育て支援など、地域の福祉ニーズに応えるための活動を展開し、多くの就労の場をつくりだしてきた。

近年は高齢者の介護予防や元気高齢者づくり、子育て支援事業、失業者を対象にした職業訓練講座、路上生活者の就労支援、養護学校の子どもたちや親を対象にしたヘルパー講座、不登校の子供たちや精神障害者のためのヘルパー講座や仕事おこし、たとえば児童デイサービスや身体障害者デイサービス、商店街の空き店舗を活用しての事業活動、当事者主体のまちづくりなど、仕事おこしにかかわる事業の拡大が目指されている。福祉、教育、環境、まちづくりなどコミュニティにかかわる分野で、自治体の協同組合や市民ＮＰＯへの委託が進んでくると思われる。

こうしたワーカーズコープ事業団の活動は、単に国家や自治体が公共事業としてやることとの下請けではなく、国家でも市場でもない「市民社会」の形成の一翼を担う市民の非営利・非政府の協同労働また活動として位置づけることができる（この項は、ワーカーズコープ労協センターのホームページにもとづく）。

(2)　ワーカーズ・コレクティブ

日本のワーカーズ・コレクティブは、前記のワーカーズコープ労協（労働者協同組合）センター事業団とは異なる出自をもっている労働者協同組合である。それは生活クラブ生協の事業的・社会的活動の展開の過程で生まれてきた。一九七〇年代に生活クラブ生協の社会運動センター（現在の市民セクター政策機構）から何人かの人たちが、アメリカ西海岸の協同組合を視察に行った時に、ちょうどベトナム戦争が終わって帰ってきた帰還兵たちが企業に雇われて働くのを忌避して、自分たちでお金を出し合って、自分たちで経営するリサイクルショップやパン工場を作って協同して働いていた仲間たちの組織がワーカーズ・コレクティブとよばれていたのである。

ちょうどそのころ生活クラブ生協神奈川では、組合員の仲間を増やすために班別予約共同購入を基本構造としながら、「デポー」（組合員が日常生活に必要な食品を購入するための四〇坪程度の荷さばき所としての小店舗）を設立して、それを組合員自身が協同で運営することになったのである。デポーは「働く場」でもあり「交流の場」でもあると位置づけられた。このデポーを民主的に運営し経営するために協同で働く仲間（アソシエート）たちの協同体をワーカーズ・コレクティブとよぶことになったのである。その担い手は主として中産階級の女性たちであった。このデポー運営のためのワーカーズ・コレクティブ（ワーコレ）が、各事業の運営に取り入れられていったのである。現在、生活クラブ神奈川にはデポーは一九ヵ所ある。

生活クラブ生協神奈川がデポーを設立して、その運営を担う「ワーカーズ・コレクティブ・にんじん」が設立総会を開いたのは、一九八二年十一月十一日であった。その設立を呼びかけた文は次のように書かれている。

「今、わたくしたちが住み、暮らす社会は科学・技術の進歩と生産的労働によって物質的には飛躍的な発展を遂げています。しかし、その過程にあって分業と管理システムによる労働ロボット化が進行し、働くことの目的を見失わせています。産業化社会における雇用・被雇用の賃金労働は自己を物象化するだけでなく、労働の主体を曖昧にし、賃金労働以外の働くことの価値を歪曲し、労働の差別化を促し、かつ固定化するに及んでいます。（中略）多くの人が試みてきたにもかかわらず、物質的価値をこえる人間的自己実現としての労働の追求はいまだ成功していません。

一方わたくしたちは、生活クラブ運動を通して社会的関係を批判的に捉え、実践によって課題解決することを体験し、学んできました。『にんじん』にとっても、この主体性こそ不可欠です。従って、『にんじん』の事業と運動は、地域で生活の革新と住民主権の確立をめざす婦人が、働くことの能力発現をよりどころにして担います。（中略）働くことの実現は新しい自己の発見であり、他者を促し自己を革新し、活動空間を広げ、住む人の英知で生活を豊富化し、自ずと充実した人生を演出し合う人びとが、自由に群れ集う姿をイメージとします。

この手本のない試みは、人間の根本問題の一つである働くことを原則的に問い直し、人間主体のもつ可能性をねばり強く不断に求め構築することなのです。」

このような思想性を背景に始まったワーカーズ・コレクテイブは、論じてきたアソシエーションとしての労働者協同組合の流れを継承するものである。それは自分たちで事業を起こし、その事業に必要な資金を出資し、話し合いによって労働や成果の分配のルールを決め、共に協同して労働し、管理運営する民主的な協同組織である。要約していえば、ワーカーズ・コレクティブは組合員の共同資本と協同労働と共同管理を対話的コミュニケーション的行為によって直接民主的に運営する事業体である。これが労働者協同組合の理念である。

女性を主体とするワーカーズ・コレクティブは、いまや全国に広がってその連合会が「ワーカーズ・コレクティブ　ネットワーク　ジャパン（ＷＮＪ）」として設立されている。そして隔年に全国会議が開催されている。第七回の全国会議が二〇〇五年十二月に横浜で開催された。その時の会議を中心にまとめた冊子に二〇〇五年・ＷＮＪ基礎調査の集計結果が掲載されている。

それによると、二〇〇五年時点での全国のワーコレ団体数は五八二、メンバー数一七、〇六二人、事業高一二七億円となっている。県別にみて、神奈川県がメンバー数六、〇二七人、事業高五五億八、七〇〇万円で突出している。職種別のワーコレ団体数を多い順に列挙すれば次のようである。

家事・介護（二二六）、保育・託児（一一八）、生協業務受託（一一三）、弁当・食事サービス（八三）、編集・企画（三八）、リサイクル・石鹸製造（十七）、移動サービス（十六）、パン・焼菓子（十五）、製造販売（一〇）、住宅関連（七）、健康（五）、リフォーム・採寸（四）

ワーコレの法人格取得状況は、企業組合五九団体（十四%）、NPO法人一〇一団体（二四・五%）、有限会社二団体（〇・五%）、法人格なし二五一団体（六一%）となっている。この点に関しては前項のワーカーズコープ労協センター事業団の法人格取得状況にほぼ対応している。いずれにしても、資本制支配の資本主義企業に対して労働と人間を中心とする「社会的経済」企業である労働者協同組合の実績現状を踏まえて、生活協同組合と同じように法制化することが、社会的に周辺に置かれてきた人びとの自立生活のために、また日本が福祉国家から市民による福祉社会へと発展するための必要要件である。

生活協同組合は、生産者と提携して安全な食べ物を中心としたコープ消費財の共同購入活動を下部構造として、それを基盤としてさまざまな社会的活動が組織内部に、また組織外部に展開されている。生活クラブ生協（神奈川）内部においては、たとえば組合員によるデポーの運営や共済組合の運営、さらに「消費材」の組合員への配送、介護やリハビリクラブまた託児所の運営、さらに生協業務の一部などが多様なワーカーズ・コレクティブによって担われている。ワーコレ団体数が一一三形成されていることからもわかる。とりわけ消費材の組合員への配送業務は、かつては専従職員の基幹労働であった。

今日では、生活クラブ生協の経営・運営は、組合員と職員とワーカーズ・コレクティブ、そして組合員や職員のつくるさまざまなアソシエーション、さらに消費材の生産に関連する生産者（団体）等との協同関係によってなされているのである。このように生活クラブ生協はマルチ・ステークホルダー協同組合の様相を強めている。

(3) 社会的企業

最近、ヨーロッパでは社会的企業や社会的協同組合が注目されている。社会的企業とは、財をなした私企業が私財を投じて公益法人としての財団を設立して、美術館をつくったり、学校や病院、福祉施設などに物資や資金を寄付したりするという社会貢献活動とは根本的に異なる。教育、福祉、雇用、環境、貧困、地域開発など社会性の高い課題を解決するための仕事づくりや、また長期失業者や障害者のように通常の労働市場では仕事を見つけることが困難な人びととの仕事づくりをする、まさしく「社会的」連帯の事業体である。スウェーデンの新しい協同組合やイタリア

マルチ・ステークホルダー（multi-stakeholder）協同組合

複数の利害関係当事者によって構成されていることである。今日、協同組合は組合員、職員、ワーカーズ・コレクティブ、労働組合員、多様な生産者、そして多様な活動や事業を行っているアソシエーションなどのネットワークによって構成されて

おり、協同組合としての意志決定にこれらの利害関係当事者間の関係のあり方が影響するのである。

の社会的協同組合などが、新しい社会的企業の推進体として注目されている（佐藤一九九六、田中　二〇〇四、二〇〇七）。また日本では、述べてきたワーカーズコープ労協センターの事業団や女性の社会的連帯によるワーカーズ・コレクティブの活動が社会的企業として注目されている。

たとえば、日本の場合、障害者が仕事につくために必要な技能を修得させ、就業の機会を与える授産施設や小規模作業所がある。もう一つは企業が一定の障害者を雇用することを義務付けている制度がある。これらの制度はもちろん重要であるが、これだけでは十分ではないというのがヨーロッパの反省であった。公的制度というのは重要であるが、一定の要件を備えていないと制度を利用できないという条件を忘れてしまい、ともかく制度を作れば大丈夫という発想になって、制度から零れ落ちる問題に関心が向かなくなる。

こうした反省から、社会的企業が一九七〇年代の北イタリアで生まれ、ヨーロッパに広がってきた。社会的企業は、社会的経済としての協同組合を基盤にしているが、しかし協同組合、とりわけ生活協同組合の店舗が大規模化し商業化して私企業セクターに近づくことで、協同組合のアイデンティティの喪失という問題が起こってきた。そして一九八〇年代、ヨーロッパが低経済成長と長期失業状態に見舞われるなかで、障害者、薬物中毒者、受刑者、移民、難民などの社会的に不利な条件を抱えた人びとの「社会的排除」の問題が顕在化してきた。

こうした状況のなかで、大規模協同組合や共済組合は古い社会的経済であると批判され、社会的に排除された人びとが協同労働をとおしてもう一度社会生活に参加することを目指す運動として「連帯経済」が論じられている。社会的企業は社会的経済であるが、連帯経済との親近性が強い。

(4) 社会的協同組合

社会的協同組合はイタリアで制度化された協同組合を基盤にした社会的企業の代表的な例である。これは組合員の相互扶助という共益性と、社会的弱者の労働参加による社会的統合という公益性を兼ね備えたハイブリッド組織である。社会的企業は協同組合とＮＰＯをつなぐものであると指摘されている。このことが可能なのは、これらの組織はいずれもアソシエーションとして社会改革への志向性をもっているからである（栗本　参照）。

社会的企業は、人間育成という点では教育的、職業的、相互扶助的、協同労働的、そして人間関係的などの目的というように多角的な全人間的な目的をもっている。また複数の資金提供者のみでなく利用者、労働者、ボランティアなどマルチ・ステークホルダー（複数関係当事者）間の意志決定による運営が通常である。複数の資金提供者としては、政府、自治体、労働組合、協同組合、利用者、ボランティア、政治組織、市民などとまさにマルチである。

社会的協同組合の構成メンバーは多様である。「障害を抱えた労働者、さまざまな困難や不利益を抱える労働者である長期失業者、薬物依存、アルコール中毒、家族に困難を抱える未成年者、観察保護下にある者など」の就労労働者のほかに、かれらと共に働き、かれらを支援しながら就労の機会を待つ労働者や、専門家協力者、ボランティア組合員、そして財政的な支援をする自治体や他の協同組合などの法人組合員がいる（田中　二〇〇七参照）。

イタリアでは、こうした社会的協同組合は一九九一年にA型とB型の協同組合として法制化された。この法律においては「社会の普遍的な利益」つまり公益という共通目標が確認され、その目標実現の手段として社会的サービス（社会福祉、保健、教育等のサービス）を提供するA型の社会的協同組合と、労働参加の促進を目的とするB型の社会的協同組合が法制化された。要するに、A型とは社会的に不利な立場にある人が社会的サービスの利用者になる協同組合であり、B型というのは社会的に不利な立場にある人が労働主体となる協同組合で、家具を製造販売したり、パンを製造販売したり、緑化事業を請け負ったりしているのである。いうまでもなく、これらの人びとをサポートするのが社会的協同組合である。

この社会的協同組合が、先に述べたワーカーズ・コレクティブと基本的に違うのは、それが社会的に不利な立場にある人たちの労働者協同組合であるという点である。ワーカーズ・コレクティブは健常者である女性たちが主体の協同組合である。ワーカーズコープ労協セクター事業団のほうが社会的協同組合と、あるいは社会的企業と類縁性をもっているといえる。

(5)「共生」の思想と協同社会

以上述べてきた社会的企業や社会的協同組合という新しい協同組合の潮流には、異質的なものの共生という思想があるように思われる。それは法による画一的統治を求める国家や非人格的な貨幣市場を支える思想とは根本的に異なる。今日、「人間と自然の共生」「多民族・多文化の共生」「障害者との共生」「老若男女の共生」などさまざまな文脈で共生という言葉が使われている。この共生思想の背後には、民族差別、人種差別、性差別、障害者差別、年齢差別、階級差別、文化摩擦などがある。こうした差別思想を乗り越える思想は、人権思想の普遍主義化への運動である。共生思想は人権思想と結びつく。

共生の思想は、最近の「排除と包摂」という思考とは相容れない。また功利主義、自己中心主義、排他性、孤独化がすすむ現代社会に「失われた共同性」への郷愁が強まり、ナショナリズムを絡めての「共同体」の復活願望が社会学や政治思想の隠然たる主題になってきた。共生とは、自他融合の共同体への回帰願望ではなくて、他者との対立緊張を引き受けながら、異質の他者との相互肯定的な関係を創出しようとする思想である。

「共生は、異なるものの共生であり、差異への権利と対等者としての承認要求を統合する企てであって、被差別者の「同化」とは根本的に異なる」（『哲学・思想事典』「共生」の項目参照）。それは異なるものの排除あるいは包摂とは異なる営為であり、その承認要求は対話的コミュニケーション的行為を媒介して行われる。

人間はそれぞれ他者とは異なる自己固有な生活世界を生きながら、相互に異質な対等者としての権利を認め合い、異質の他者との相互肯定的な関係やモノ・サービスを協同労働によって創出していくのが、共生の思想にもとづく連帯であり、それがアソシエーションとしての協同社会のあり方である。

喫茶室

生活クラブ生協

一九六五年東京の世田谷で数人の青年活動家によって立ち上げられた生活改善のための「生活クラブ」の活動は、次第に主婦たちの共感をえて会員も増え、牛乳をはじめとする生活必需品の取り扱い量も多くなり、経営管理上の責任問題も出てきたために六八年に生活協同組合として法人化されて、生活クラブ運動の発展を支える基盤となってきた。生活クラブ生協は事業活動を班別予約共同購入システムによって推進し、生活クラブ運動の経済的下部構造の機能を担ってきた。それを基盤としてさまざまな社会運動、たとえば石鹸運動、ゴミ問題などの環境改善運動、地方議会改革のために生活者市民の代表を議会に送る代理人運動、生産者との交流、ワーカーズ・コレクティブによる家事、介護、保育などの市民事業を推進しながら、生活クラブ運動を発展させてきた。注目すべきことは、これらの運動を行ってきたのは、専業主婦層であった。彼女たちはこれらの運動を担うことで、脱専業主婦活動女性として自己変革をとげていくのでる。彼女たちの中から、生活者市民として身近な生活のあり方を変えることで生き方を変え、広く政治のことや経済のこと、そして世界のことを視野に入れた活動を行う女性も生まれている。こうした生活クラブ運動に共鳴して、各地に生活クラブ生協が設立されてきた。二〇〇七年度現在、一都一道二府十五県に三〇の生活クラブ生協関係の単協が設立されている。これらの地域の生活クラブ生協の連合体として生活クラブ連合会が形成されており、それをとおして相互の連携を計りながら、かつ自立的に運動を展開している。組合員総数三〇万人、総供給高八〇〇億円、出資金高二八〇億円。

おわりに

私が以上のような内容の本書を書いてきた背景には、私の長年にわたる生活クラブ生協の活動・運動の考察をとおしての多くの組合員との付き合いがある。その生活クラブ生協を研究してきた私の基本的視点は、アソシエーションである。

アソシエーションは、ビューロクラシー（官僚制）の対極にある人間結合の原理である。それは互助、協同、連帯による人間結合であり、人間社会を相互肯定的な人間関係として築いてきた基層的構造である。その結合原理の対極にあるのが、相互肯定的な人間結合を破壊する紛争、闘争、戦争、テロなどの論理である。それは人間存在否定の論理である。しかし、この人間存在否定の論理と行動に対しては、それに対抗する人間存在肯定の論理と行動がかならず表出される。

古きよき時代の独立自営の中産階級を中心とした市民（ブルジョワ）的資本主義の時代は、次第に資本が大企業に集中することによって、その独立自営の中産階級は中産階級的な勤労者となった。その大企業によって支配される現代資本主義経済は市場原理主義によってグローバル化し地球全体を蔽うようになってきた。マックス・ウェーバーは、『プロテスタンティズムの倫理と資本主義の精神』で近代資本主義の変容を論じ、世界は打破することの困難な官僚制化された巨大な「鉄の檻」としての資本主義システムのなかに組み入れられつつあると悲観主義的に論じた。

その結果、ウェーバーの想定外のこととしての地球温暖化が地球全体を蔽い、生物の多様性が激減しつつあり、人類という種の生存そのものが、そして四六億年の歴史をもつ地球の生命そのものがカタストロフィに向かっていることで、危機に曝されていると論じられるようになってきた。

それにもかかわらず、今もなお、地球のどこかで紛争や戦争が、そしてテロ事件が起こっており、多くの人命が奪われている。人間はなんとエゴイスティックで愚かな生き物であるかと、慨嘆せずにはおられない。しかし、詮無き慨嘆と知りながら、こうした状況のなかで、個人としてそれぞれがなしうることは何かを考えないわけにはいかないのである。

人類史には、人びとは日々の生活のなかで、争いや戦争のない平和な社会を望み、そのためになしうることを他者と考え、他者と連帯し協働し、互いに助け合いながら生活してきた長い歴史がある。その歴史の位相が協同（共同）の位相である。それは、しばしば民衆の生活を抑圧する権力との闘いのなかでの互助、協同、連帯でもあった。

そうした民衆の互助、協同、連帯が近代になってアソシエーションとして表出されてきたのが、アメリカ独立革命であり、フランス革命であった。その革命は人間革命であり、人間の自由、平等、そして友愛の基本的人権思想にもとづく革命であった。この人間革命によって、個人の能力が自由に発揮され産業革命が起こり、資本主義経済が発展してきた。しかし、この資本主義経済の発展が貧困や環境破壊などのさまざまな社会的諸問題を惹き起こしてもきた。このような問題を孕む資本主義経済のあり方を批判し、異議を唱えて、新しい経済のあり方を主張し実践できるのは、自由、平等、友愛の人権思想にもとづく社会運動が憲法によって保障されてきたからでもある。そうした社会運動の一つとして協同組合運動があり、またNPO、NGO、そしてさまざまなボランタリーな政治的、経済的、文化的、そして社会的領域でのアソシエーションによる運動や活動がある。この領域が国家と市場から自立した「協同社会」の領域であり、それは「市民社会」の領域である。この市民社会のなかに国家と市場を取り入れ変革していくことがアソシエーション革命である。

日々の日常生活において、この市民社会の領域を拡大し、確かなものとしていくことが、戦争のない平和な世界を創っていくことに繋がっていくことを信じて、この小さなテキストを上梓する。

〈参考文献〉

浅尾大輔編（二〇〇八）『超左翼マガジン　ロスジェネ』かもがわ出版

石見尚（二〇〇七）『日本型ワーカーズ・コープの社会史』緑風出版

ヴェーバー・M（大塚久雄訳）（一九八九）『プロテンスタンティズムの倫理と資本主義の精神』岩波文庫

大村敦志（二〇〇二）『フランスの社交と法』有斐閣

オースティン・J（坂本百大訳）（一九九四）『言語と行為』大修館書店

粕谷信次（二〇〇六）『社会的企業が拓く市民的公共性の新次元』時潮社

『協同組合事典』（一九八六）家の光協会

栗本昭（二〇〇七）「欧州を軸とした社会的経済の研究動向と日本の課題」『社会運動』三二八巻

斉藤嘉璋（二〇〇七）『現代日本生協運動小史（改定新版）』コープ出版

佐藤慶幸（一九八二）『アソシエーションの社会学』早稲田大学出版部

佐藤慶幸（一九八六）『ウェーバーからハバーマスへ―アソシエーションの地平―』世界書院

佐藤慶幸編（一九八八）『女性たちの生活ネットワーク―生活クラブに集う人びと―』文眞堂

佐藤慶幸（一九九一）『生活世界と対話の理論』文眞堂

佐藤慶幸（一九九六）『女性と協同組合の社会学―生活クラブからのメッセージ』文眞堂

佐藤慶幸（一九九九）『現代社会学講義』有斐閣

佐藤慶幸（二〇〇二）『ＮＰＯと市民社会―アソシエーション論の可能性―』有斐閣
佐藤慶幸（二〇〇七）『アソシエーティブ・デモクラシー―自立と連帯の統合―』有斐閣
佐藤慶幸・天野正子・那須壽編（一九九五）『女性たちの生活者運動―生活クラブを支える人びと―』文眞堂
サラモン・L／アンハイヤー・H（今田忠監訳）（一九九六）『台頭する非営利セクター』ダイヤモンド社
サラモン・L（入山映訳）（一九九四）『米国の非営利セクター入門』ダイヤモンド社
『新社会学辞典』（一九九三）有斐閣
高橋和之編（二〇〇七）『世界憲法集』岩波文庫
田中夏子（二〇〇四）『イタリア社会的経済の地域展開』日本経済評論社
田中夏子（二〇〇七）「マルチステークホルダーと協同組合の可能性」『社会運動』三三三巻
田畑稔（一九九四）『マルクスとアソシエーション―マルクス再読の試み―』新泉社
田畑稔（二〇〇三）「協同労働とアソシエーション」『協同の発見』一三三号、協同総合研究所
『哲学・思想史事典』（一九九八）岩波書店
テンニエス・F（杉之原寿一訳）（一九五七）『ゲマインシャフトとゲゼルシャフト―純粋社会学の基礎概念―』上・下、岩波文庫
トクヴィル・A（井伊玄太郎訳）（一九八七）『アメリカの民主政治』上・中・下、講談社学術文庫

ドラッカー・P（上田惇生訳）（一九九三）『ポスト資本主義社会』ダイヤモンド社
『日本史広辞典』（一九九七）山川出版社
パットナム・R（河田潤一訳）（二〇〇一）『哲学する民主主義―伝統と改革の市民的構造』NTT出版
パットナム・R（柴内康文訳）（二〇〇六）『孤独なボーリング―米国コミュニティの崩壊と再生』柏書房
ハーバーマス・J（河上倫逸ほか訳）（一九八五―八七）『コミュニケイション的行為の理論』上・中・下、未来社
福田アジオ編（二〇〇六）『結衆・結社の日本史』山川出版社
ホルクハイマー・M／アドルノ・T（徳永洵訳）（一九九〇）『啓蒙の弁証法』岩波書店
マルクス・K（一九六〇）「共産党宣言」『マルクス・エンゲルス全集　第四巻』大月書店
マルクス・K（一九六七）「資本論」『マルクス・エンゲルス全集　第二五巻b　資本論Ⅲb』大月書店
マルクス・K（一九七五）「ジェームス・ミル著『政治経済学要綱』からの抜粋」『マルクス・エンゲルス全集　第四〇巻』大月書店
マルクス・K（城塚登・田中吉六訳）（一九六四）『経済学・哲学草稿』岩波文庫
和辻哲郎（二〇〇七）『人間の学としての倫理学』岩波文庫

早稲田社会学ブックレット出版企画について

社会主義思想を背景に社会再組織化を目指す学問の場として一九〇三年に結成された早稲田社会学会は、戦時統制下で衰退を余儀なくされる。戦後日本の復興期に新たに自由な気風のもとで「早大社会学会」が設立され、戦後日本社会学の発展に貢献すべく希望をもってその活動を開始した。爾来、同学会は、戦後の急激な社会変動を経験するなかで、地道な実証研究、社会学理論研究の両面において、早稲田大学をはじめ多くの大学で活躍する社会学者を多数輩出してきた。一九九〇年に、門戸を広げるべく、改めて「早稲田社会学会」という名称のもとに再組織されるが、その歴史は戦後に限定しても悠に半世紀を超える。

新世紀に入りほぼ十年を迎えようとする今日、社会の液状化、個人化、グローバリゼーションなど、社会の存立条件や社会学それ自体の枠組みについての根底からの問い直しを迫る事態が生じている一方、地道なデータ収集と分析に基づきつつ豊かな社会学的想像力を必要とする理論化作業、社会問題へのより実践的なかかわりへの要請も強まっている。早稲田社会学ブックレットは、意欲的な取り組みを続ける早稲田社会学会の会員が中心となり、以上のような今日の社会学の現状と背景を見据え、「社会学のポテンシャル」「現代社会学のトピックス」「社会調査のリテラシー」の三つを柱として、今日の社会学についての斬新な観点を提示しつつ、社会学的なものの見方と研究方法、今後の課題などについて実践的な視点からわかりやすく解説することを目指すシリーズとして企画された。多くの大学生、行政、一般の人びとに広く読んでいただけるものとなることを念じている。

二〇〇八年二月一〇日

早稲田社会学ブックレット編集委員会

佐藤慶幸（さとう・よしゆき）

一九三三年、岐阜県中津川市に生まれる。一九六一年、早稲田大学大学院文学研究科博士課程を経て、一九六三年より早稲田大学文学部の教員を務める。二〇〇三年、定年退職。早稲田大学名誉教授、文学博士。研究領域は、理論社会学、組織論、アソシエーション論、協同組合の研究。

主な著書

『官僚制の社会学―マックス・ウェーバー理論の展開』ダイヤモンド社、一九六六、『アソシエーションの社会学―行為論の展開』早稲田大学出版部、一九八二、『NPOと市民社会―アソシエーション論の可能性』有斐閣、二〇〇二。その他参考文献参照。